www.tredition.de

Für Marlene Schmithals

Dörte Schmithals (Hg.)

Kathrin Spremberg (Hg.)

Walter Schmithals
Pfarrer in Raumland 1953–1963
Erinnerungen

Verlag & Druck: tredition GmbH, Halenreie 40-44, 22359 Hamburg
Paperback   ISBN: 978-3-7482-8062-0
Hardcover   ISBN: 978-3-7482-8753-7

Lobe den Herrn, meine Seele
(Psalm 103)

In diesem Buch finden sich Berichte und Erinnerungen an die Zeit, in der Walter Schmithals Pfarrer in Raumland war. Die Texte stammen von ihm selbst und von seiner Ehefrau Marlene Schmithals sowie von Zeitzeugen, die wir 2017 befragten. Sie werden ergänzt durch Dokumente aus den Kirchenarchiven in Bielefeld, Bad Berleburg und Raumland sowie durch Andachten, die Walter Schmithals für die „Westfälische Rundschau" schrieb.

Wir, die Töchter von Walter und Marlene Schmithals, haben diese Texte und Dokumente zusammengetragen, weil über die zehn Raumländer Jahre von Walter Schmithals allgemein wenig bekannt ist, während sich seine ergiebige Forschungstätigkeit in einem umfangreichen schriftlichen Werk widerspiegelt und allgemein zugänglich ist.[1]

Darüber hinaus dokumentiert dieses Buch kirchliche, gesellschaftliche und politische Aspekte der 1950er und 1960er Jahre.

Wir danken allen, die ihre Erinnerungen an ihren „alten" Pfarrer Schmithals mit uns und den Lesern dieses Buches teilen. Die Herzlichkeit, die wir bei unserem Fragen und Hören erleben durften, hat uns berührt und reich beschenkt. Wir freuen uns, dass auch sie und viele andere, die in den nächsten Kapiteln erwähnt werden, mit diesem Buch ein ehrendes Andenken erhalten.

Berlin, März 2018

Gesine Schmithals, Elisabeth Ferrari (†), Barbara Schmithals, Kathrin Spremberg, Dörte Schmithals (†)[2], Johanna Rühl

---

[1] www.walterschmithals.de
[2] Elisabeth Ferrari und Dörte Schmithals verstarben vor Drucklegung des Buches

(Siegel)

EVANGELISCHE·KIRCHENGEMEINDE·RAUMLAND·

Vorsitzender
Dr. Walter Schmithals
Pfarrer

Inhaltsverzeichnis

Vorbemerkung zum Aufbau des Buches:

Dieses Buch hat den autobiografischen Text von Walter Schmithals über seine Raumländer Zeit zur Grundlage, der in seinem Nachlass gefunden wurde. Wir haben diesen durch Berichte, Erinnerungen, Dokumente und Fotografien ergänzt. Die Erinnerungen der Zeitzeugen aus Raumland haben wir in den Jahren 2016 und 2017 gesammelt. 2017 besuchten wir die Archive in Bielefeld und Bad Berleburg.

Die Einteilung in Kapitel wurde von uns vorgenommen. Das erste Kapitel beinhaltet die Ankunft in Raumland, das vorletzte Kapitel den Abschied von dort. Was Walter Schmithals zu den zehn reich gefüllten Berufsjahren schrieb, haben wir nach Themenkreisen geordnet in die Kapitel 3-7 eingeteilt. Die Erinnerungen von Marlene Schmithals zu ihrer Tätigkeit als Pfarrfrau finden sich in Kapitel 2, das Gedenken an Walter Schmithals wird im Abschlusskapitel behandelt.

Inhalt

Es erinnern sich:

Walter Schmithals (14. Dezember 1923 – 26. März 2009): Er wuchs in Wesel und Freudenberg mit einem älteren Bruder und vier jüngeren Geschwistern auf. Das Abitur legte er 1942 ab und wurde im gleichen Jahr zum Kriegsdienst einberufen. Bis zum Kriegsende diente er als Soldat an verschiedenen Kriegsschauplätzen. 1946 begann er das Studium der evangelischen Theologie in Wuppertal. Weitere Studienorte waren Marburg und Münster. In Marburg lernte er in der Kurrende seine Kommilitonin und spätere Ehefrau Marlene Schubotz kennen. 1953 trat er in den Pfarrdienst ein. Bis 1963 war er Pfarrer der Kirchengemeinde Raumland, einem Dorf im Kreis Wittgenstein in Westfalen, das heute zu Bad Berleburg gehört. Bereits 1954 wurde Walter Schmithals promoviert, 1962 folgte die Habilitation. 1963 wurde er als Dozent an die theologische Fakultät der Universität Marburg berufen. 1968 wechselte er an die Kirchliche Hochschule in Berlin, die nach der Wende in die Humboldt-Universität zu Berlin eingegliedert wurde.

Nach seinem Tod fanden wir auf dem Desktop seines Rechners autobiografische Lebenserinnerungen, die er in den Jahren 1997 und 1998 mit Hilfe seiner Tagebücher aufschrieb. (Die Tagebücher vernichtete er anschließend.) Die Erinnerungen aus der Raumländer Zeit bilden die Grundlage dieses Buches. Sie wurden der neuen Rechtschreibung angepasst.

Marlene Schmithals (geb. 22. Januar 1929): Ihr Heimatort ist die Kleinstadt Gelnhausen in der Nähe von Frankfurt. Ihr Vater war Studienrat am dortigen Gymnasium, ihre Mutter Bankangestellte. Sie wuchs mit einem jüngeren Bruder auf, Walter Schubotz, der in dem vorliegenden Buch ebenfalls erwähnt wird, weil er als Architekt diverse Bauarbeiten der Kirchengemeinde unentgeltlich durch Entwürfe und Bauzeichnungen unterstützte. Das Abitur legte Marlene Schubotz 1948 ab und schrieb sich in Marburg im Fach evangelische Theologie ein. Das Studium beendete sie nicht, sondern wechselte 1952 zur amerikanischen Militärverwaltung, um Geld zu verdienen und für die Aussteuer anzusparen. Die Hochzeit fand am 19. Mai 1953 in Gelnhausen statt, die Hochzeitsreise war eine mehrtägige Wanderung von dort nach Raumland. In Raumland wurden die fünf Kinder Gesine (1954), Elisabeth (1955), Barbara (1956), Kathrin (1960) und Dörte (1962) geboren, in Berlin die jüngste Tochter Johanna (1970). Marlene Schmithals lebt heute in Berlin.

Elfriede Born (1918–2018) lebte in Dotzlar, einem Filialort der Kirchengemeinde Raumland. Sie hat vier Söhne und erfreute sich bis ins hundertste Lebensjahr hinein an sechs Enkelkindern und sieben Urenkeln. Sie hat schwere Jahre erlebt, auch in der Zeit, als Walter Schmithals Pfarrer in Raumland war. In ihren letzten Lebensjahren wohnte sie bei ihrem jüngsten Sohn Edgar Born in Hamm.

Edgar Born (geb. 1956) wurde von Walter Schmithals getauft, aber in Erinnerung ist er ihm aus Begegnungen in den 1970er und 1980er Jahren, als Walter Schmithals bei unterschiedlichen Anlässen in Raumland oder Dotzlar predigte. Edgar Born hat als Schüler und Student einige dieser Gottesdienste auf der Orgel begleitet. Heute ist er selber Pfarrer und außerdem Aussiedlerbeauftragter der Evangelischen Kirche von Westfalen am Institut für Kirche und Gesellschaft.

Heidi Fischer (geb. 1942) ist die Tochter der Eheleute Walter und Liesel Böhl, die über alle Jahre und Ortswechsel hinweg eine enge Verbindung zu den ehemaligen Pfarrersleuten Schmithals behielten. Walter Schmithals nennt Heidi Fischer in seinen Erinnerungen ein „prächtiges Mädchen". Sie heiratete den späteren Schulleiter des Bad Berleburger Gymnasiums Uwe Fischer. Die beiden haben zwei Töchter und drei Enkelkinder.

Elke Franz (geb. 1947) hätte Jesus mit in die Küche genommen, um ihm wie Marta mit Taten zu dienen und gleichzeitig wie Maria seine Worte zu hören: So hatte sie es ihrem damaligen Pfarrer Walter Schmithals im Kindergottesdienst eindrücklich mitgeteilt. Elke Franz ist Malerin und ihre reformatorische Glaubensprägung zeigt sie auch in ihren Bildern, die oft christliche Themen zum Inhalt haben. Einige ihrer Gemälde durften wir in dieses Buch aufnehmen. Ihr Haus ist bunt gefüllt mit eigenen Gemälden, Hunden, einer Katze und natürlich ihrer Familie – mit Enkelsohn Tom als Mittelpunkt.

Gerda Hackenbracht (geb. 1943) wurde in Raumland im Haus Gasse geboren, einem Bauernhof, in dem die beiden ältesten Schmithals-Töchter ein- und ausgingen. Sonntags brachte Gerda Hackenbracht die Milch ins Pfarrhaus, wo sie sich wie zu Hause fühlte. Sie ist mit dem Raumländer Gerd Hackenbracht verheiratet. Einen Teil der drei Kinder und acht Enkel hat es weit in die Ferne verschlagen: in die Vereinigten Staaten von Amerika.

Karin Jöhnck (geb. 1940) gehört zum ersten Konfirmandenjahrgang (1954) von Walter Schmithals. Obwohl sie noch im gleichen Jahr mit ihren Eltern nach Netphen zog, nahm sie an einer Fahrradtour des Raumländer Jungmädchenkreises mit Pfarrer Schmithals nach Heidelberg im Jahr 1955 teil. Über diese Fahrt schrieb sie ihre Schulabschlussarbeit; Auszüge daraus durften wir in dieses Buch aufnehmen.

Werner Posner (geb. 1951) hat über seine Schwester Traudel Stremmel wesentlich den Kontakt zu den hier genannten Zeitzeugen vermittelt. Beide standen uns bei Fragen zum Dorf und seiner Bewohner hilfreich zur Seite. Werner Posner ist Pfarrer, seit 2016 im Ruhestand, aber trotzdem sehr beschäftigt als Ausbilder in Seelsorge-Kursen, als Supervisor und als Buchautor.

Senta Walle (geb. 1940) gehört wie ihre beste Freundin Karin Jöhnck zum ersten Konfirmandenjahrgang von Walter Schmithals. Ihr Vater, Alfred Kunze, war ab 1956 Presbyter der Kirchengemeinde Raumland. Senta Walle leitete viele Jahre die Frauenhilfe in Raumland. Sie wohnt mit ihrem Mann Gerhard Walle in Raumland am Bahnhof in dem schönen 50er-Jahre-Haus, in dem lange die Poststelle des Dorfes untergebracht war, die sie leitete.

Für eine bessere Lesbarkeit sind die Erinnerungen der Zeitzeugen farbig hinterlegt.

Im **Landeskirchlichen Archiv in Bielefeld** konnten wir die Personalakte von Walter Schmithals einsehen.

Im **Archiv des Kirchenkreises in Bad Berleburg** befinden sich Dokumente aus der alltäglichen Gemeindearbeit, die für dieses Buch von Interesse waren.

Sofern es die Lesbarkeit der Dokumente erlaubte, haben wir sie als originale Abbildungen in dieses Buch aufgenommen. Wo das nicht möglich war, wurden sie abgeschrieben. Die Rechtschreibung wurde dann unverändert übernommen.

Wir danken den Mitarbeitern und Mitarbeiterinnen in den Archiven für die engagierte Unterstützung! Ein weiterer Dank geht an Traudel Stremmel und Elke Franz, die für uns das Archiv des Gemeindebüros in der Kirchengemeinde Raumland besucht haben.

Die „**Westfälische Rundschau**" erschien erstmals am 20. März 1946. Sie galt in den 1950er und 1960er Jahren als SPD-nahe Zeitung. Walter Schmithals schrieb von 1957 bis 1968 regelmäßig Sonntagsbetrachtungen für die Wochenendausgabe. Einige Betrachtungen aus den Jahren 1957 bis 1963 haben wir in dieses Buch aufgenommen. Wir haben sie aus Gründen der besseren Lesbarkeit abgeschrieben. Die Rechtschreibung wurde dabei unverändert übernommen.

Walter Schmithals erinnert sich:

1. Der Anfang

1.1 Die Ankunft in Raumland

Abb. 1: Die Raumländer Kirche von Süden vor 1957, noch ohne Dachreiter und mit altem Hintereingang
Quelle: Privatbesitz Elke und Hermann Franz

Am Samstag vor Ostern (4. April 1953) fuhr ich nach Raumland, wo ich an den beiden Ostertagen zu predigen hatte. Am 20. März 1953 hatte ich einen eigenen Talar erhalten; er kostete drei Monatsraten zu je 42,- DM. (Ich trage ihn heute – 1998 – noch. Wenn er auch recht zerschlissen ist, wird er seinen Dienst noch bis zu meinem und seinem Ende tun). Ich stellte mich der Gemeinde durch die Gottesdienste vor und erhielt einen ersten Eindruck von unserer künftigen Wirkungsstätte und auch vom Pfarrhaus. Dort wohnten zwei Flüchtlingsfamilien; uns standen drei kleine Zimmer zur Verfügung. Ich bat darum, vor unserem Einzug in eines der Zimmer Wasser legen zu lassen, damit wir dort kochen und uns waschen konnten.

13

Nach Ostern fuhr ich nach Wuppertal[3] zurück, und erhielt dort die offizielle Nachricht, dass ich mit Wirkung vom 16. April 1953 als Hilfsprediger nach Raumland entsandt sei. Ich quartierte mich bei Familie Bauer „am Loh" ein, bis ich von Freudenberg[4] ein Bett erhielt und ins Pfarrhaus umzog. Zu Familie Bauer ging ich aber weiterhin zum Mittagessen.

Wozu wir da sind

„Ich will dem Herrn singen mein Leben lang
und meinen Gott loben, solange ich bin." (Ps. 104,33)

Keiner von uns hat sich sein Leben selbst ausgesucht. Wir waren schon da, lange bevor wir über uns selbst nachdenken konnten. Unser Leben ist Gabe, Geschenk, das uns ungefragt zuteil wurde.

Hat unser Leben einen Sinn, hat unser Dasein eine Aufgabe? Die Bibel sagt, Gott zu loben sei Sinn und Aufgabe unseres Lebens. Er selbst, der Herr und Geber unseres Lebens, will durch unser Leben verherrlicht, seine Ehre vermehrt werden.

Durch unser Leben! Das heißt nicht nur: in den Stunden frommer Besinnung, in den Minuten der gefalteten Hände, in der stillen Kammer, in der gottesdienstlichen Versammlung. Das heißt vielmehr: immer! In der Kirche und in der Welt; mit gefalteten Händen und mit arbeitenden Händen; in der stillen Kammer und in der Mühsal des Alltags; in den besinnlichen und in den lärmenden Stunden. In Glaube und in Hoffnung; in Liebe und in Gehorsam; in Eifer und in Geduld; in Freude und Leid; im Leben und Sterben.

Wir werden immer Anfänger bleiben bei dem Mühen, unser Leben zu Gottes Lob zu leben. Aber wir sollen es versuchen, damit wir es in Ewigkeit können.

Pfarrer Dr. Walter Schmithals, Raumland

Abschrift aus: „Westfälische Rundschau", Regionalausgabe Siegen/Wittgenstein „Sonntagsbetrachtung" vom 31.03.1962

---

[3] Am Predigerseminar in Wuppertal-Elberfeld absolvierte Walter Schmithals das zweite Jahr des Vikariats (praktische Ausbildung für angehende Pfarrer)
[4] Freudenberg: Ort im Siegerland; hier wohnten die Eltern von Walter Schmithals.

Am 19. Mai 1953 heirateten Marlene und ich in Gelnhausen[5], um 11 Uhr war die standesamtliche Eheschließung und danach die kirchliche Trauung in der Marienkirche. Die Jugend, besonders Marlenes Freundeskreis, feierte die Nacht hindurch.

Mit dem ersten Zug brachen Marlene und ich am Mittwoch in der Frühe nach Norden auf und wanderten über Sieg-, Lahn- und Ederquelle nach Raumland; eine Nacht verbrachten wir in Heiligenborn[6], die andere unweit Lützel[7], von wo wir am Freitag früh aufbrachen und gleich in ein heftiges Gewitter gerieten. Wir kamen triefend nass in Erndtebrück an, wo wir uns meinem Superintendenten Kressel[8] vorstellten. Seine Frau war nicht da; er war rührend um uns besorgt und setzte uns ein Glas eingemachte Kirschen vor. Er gewann unsere ganze Sympathie und hat sie in dem kommenden Jahrzehnt erhalten.

Am Abend trafen wir in Raumland ein, wo ich mich auf die kommenden Pfingsttage vorbereitete - Gottesdienste, 2 Trauungen, Taufe. Marlene musste gleich mit in die Häuser, in denen Taufe und Hochzeiten gefeiert wurden. In unserer zukünftigen Küche war Wasser gelegt. Ich hatte eine elektrische Kochplatte mit zwei Brennstellen gekauft. So fingen wir spartanisch an. Am 1. Juli 1953 fand der „Umzug" von Gelnhausen statt, und wir begannen, uns in drei kleinen Zimmern einzurichten: eine provisorische Küche, ein Wohn- und Arbeitszimmer und ein Schlafzimmerchen, zu klein, um die mitgebrachten Betten nebeneinander zu stellen; kein Badezimmer. Im Winter wurden Zimmeröfen mit Holz und Briketts geheizt. Der Müll wanderte auf ein offenes Depot auf dem Pfarrhof, was die Ratten anzog. Noch waren Lumpensammler und Hausierer unterwegs. Ein Tante-Emma-Laden sorgte für den täglichen Bedarf; im Übrigen musste man nach Berleburg fahren. Wir lebten bescheiden. Eine Flasche Bier nach der Arbeit im Garten war ein Luxus.

---

[5] Heimatort von Marlene Schmithals
[6] Heute Stadtteil von Bad Laasphe
[7] Heute Stadtteil von Hilchenbach
[8] Superintendent Friedrich Kressel 1897-1983

Bielefeld, den 18. Juni 1953

LKA.
Nr. 10873/Pers.Schmithals

Auf Ihr Schreiben vom 26.Mai 1953 -Sup.Nr. 464-.

- - -

Zu Ihrer Vermählung übermitteln wir Ihnen und Ihrer Gattin herzliche Segenswünsche.

Mit Wirkung vom 1.Mai 1953 werden Ihre von der Kirchenkasse in Raumland zu zahlenden Bezüge wie folgt neu festgesetzt:

Grundbetrag	366,67 DM
40% Teuerungszulage	146,67 DM
zusammen monatlich	513,34 DM.

Der Wohnungsgeldzuschuß nach Tarifklasse IV, Ortsklasse C, in Höhe von monatlich 58,50 DM gelangt nicht zur Auszahlung, da Ihnen von der Kirchengemeinde freie Wohnung zur Verfügung zu stellen ist.

Das Presbyterium hat hiervon Nachricht erhalten.

In Vertretung
gez. Dr.Steckelmann

Herrn Pastor Walter Schmithals in Raumland, durch den Herrn Superintendenten in Erndtebrück.

- - -

Vorstehende Abschrift übersenden wir zur Kenntnis und weiteren Veranlassung.

Die Zuschüsse zur Aufbringung der Besoldung des Hilfspredigers Schmithals werden vom 1.Mai 1953 an auf monatlich 510,-- DM festgesetzt.

In Vertretung
gez. Dr.Steckelmann

An das Presb. der Ev.Kirchengemeinde in Raumland, d.d.Sup.

- - -

Z.d.A. Raumland 1H

Abb. 2: Mitteilung des Landeskirchenamtes zur Erhöhung der Bezüge nach der Eheschließung

Quelle: Landeskirchliches Archiv der EKvW in Bielefeld, Best.2.2 Ortsakte 1851

Als ich nach Raumland ging, ging mir der Ruf voraus, ein „Bultmannschüler"[9] zu sein, was zu jener Zeit mit dem Siegel des „Unglaubens" verknüpft war. Presbyter Mielke aus Dotzlar sprach mich bei meinem ersten Besuch in Raumland darauf an, ich ließ mich auf kein näheres Gespräch ein. Auch sind mir keine offensichtlichen Schwierigkeiten bereitet worden. Zu den jungen Leuten vom CVJM[10] fand ich ein gutes Verhältnis. Es gelang mir, was selbst Pastor Knies[11] nicht gelungen war, ein Mitglied der „Landeskirchlichen Gemeinschaft" für das Presbyterium zu gewinnen, und meine „Theologie Rudolf Bultmanns"[12] habe ich 1966 anstandslos der „Gemeinde Raumland in dankbarer Erinnerung" widmen können.

Heinz Müller, aktives Mitglied des CVJM, vor einigen Jahren früh verstorben, sagte mir später einmal, dies Buch hätte natürlich jeder vom CVJM; man sei ja vorher so falsch informiert worden. Wie mir der Nachbarpastor aus Weidenhausen später erzählte, kamen vor meinem ersten Gottesdienst einige fromme Leute von „Stünzel"[13] bei ihm vorbei, bevor sie mich abhörten, und kehrten hinterher wieder bei ihm ein, unsicher, ob ich nun ein „gläubiger" Pastor sei oder nicht. Die Erweckungsbewegung hatte im vorigen Jahrhundert vom Siegerland aus das Wittgensteiner Land gestreift, und noch immer war die Spannung zwischen den „Muckern"[14] und den gewöhnlichen Gemeindegliedern spürbar.

Lehrer Born[15] schrieb mir einmal folgende Geschichte auf. Ein „Erweckter" aus Schneiders Haus in Birkelbach[16], der von den Leuten „Der liebe Gott von Birkelbach" genannt wurde, kommt zu Besuch. Der Sohn fragt: „Wer ist das?" Die Mutter antwortet leise: „Der liebe

---

[9] Prof. Dr. Rudolf Bultmann (1884–1976): evangelischer Theologe, Begründer der Entmythologisierung in der Auslegung des Evangeliums; bei ihm promovierte Walter Schmithals

[10] CVJM: christlicher Verein Junger Männer; in Wittgenstein zur fraglichen Zeit den landeskirchlichen Gemeinschaften nahestehend

[11] Paul Knies: Pfarrer in Raumland von 1933–1952

[12] Walter Schmithals: Theologie Rudolf Bultmanns. Eine Einführung, Tübingen 1966

[13] Stünzel: benachbartes Dorf, gehört heute ebenso wie Raumland zu Bad Berleburg

[14] Spitzname für Anhänger des Pietismus

[15] Rudolf Born: Lehrer in Raumland von 1917 bis 1959

[16] Birkelbach: Ortsteil der Nachbargemeinde Erndtebrück

Gott von Birkelbach". Am anderen Tag stellt der Lehrer im Religions-
unterricht die Frage, ob jemand denn schon den lieben Gott gesehen
habe. Da antwortet der Sohn: „Gäster owend saß hä bei ins deheeme
uffem Mälkestühl"[17].

Die Frage nach Gott

Wir predigen Christus, und zwar als den gekreuzigten. (1. Kor. 1,23)

Auf die Frage nach Gott gibt es viele Antworten. Die Bibel gibt nur
eine Antwort auf diese Frage: Jesus Christus. Wer nach Gott fragt,
wird an einen Menschen verwiesen, der von einem Weibe geboren
wurde, lebte, litt und als ein Verbrecher am Kreuz starb.

Paulus sagt, diese Antwort auf die Frage nach Gott sei den Juden
ein Aergernis und den Griechen eine Torheit. Das ist verständlich,
denn wenn die Juden nach Gott fragten, wollten sie Wunder und
Zeichen, Macht und Herrlichkeit sehen. Und die Griechen erwarteten
auf ihre Frage nach Gott kluge Gedanken der Dichter und
Philosophen.

Wie kommt es, daß uns die Antwort: der gekreuzigte Christus,
kein Aergernis und keine Torheit ist? Weil wir gar nicht nach Gott
fragen? Das wäre dann verständlich. Oder weil wir uns an die
Antwort der Bibel so gewöhnt haben, daß wir gar nichts mehr bei ihr
empfinden? Das wäre schlimm. Oder weil wir die ärgerliche Botschaft
von dem Gekreuzigten angenommen habe? Das wäre schön.

Dann würden wir einer Botschaft gehorchen, die uns sagt, daß
Gott die Elenden, die Sünder, die Gottlosen lieb hat, daß er unser
Bruder und uns ganz nahe ist, daß er leidet an allem Leid und an aller
Schuld, die wir einander zufügen, daß er so verborgen ist, daß
niemand ihn beweisen kann, und so nahe bei uns, daß wir ihn an das
Kreuz schlagen können.

Und daß er dabei betet: Herr, vergibt ihnen!

Pfarrer Dr. Walter Schmithals, Raumland

Abschrift aus: „Westfälische Rundschau", Regionalausgabe Siegen/Wittgenstein
„Sonntagsbetrachtung" vom 18.11.1961

---

[17] Übersetzung: „Gestern abend saß er bei uns daheim auf dem Melkschemel."

1.2 Beschreibung des Dorfes

Abb.3: Blick über das Dorf Raumland vor 1958
Quelle: Postkarte im Privatbesitz von Hermann und Elke Franz

Raumland (aus „Rumelingen") war die Urpfarre des oberen Eder-
tales und besitzt noch heute die schöne spätromanische Dorfkirche
aus der Zeit um 1250, die über dem Zufluss der vom Kahlen Asten
kommenden Odeborn in die Eder liegt. Lag viel Schnee, konnte hier
der Kältepol Deutschlands sein. In einem Winter sank die Temperatur
auf minus 30 Grad.

Raumland selbst hatte neben dem Dorf den Ortsteil Markhausen,
aus einem ansehnlichen Gut hervorgegangen, den Ortsteil „Bahnhof",
der entstanden war, als sich der fürstliche Hof bei der Anlage der Eisenbahn von Erndtebrück weigerte, die Bahn bis Berleburg durchzuführen. So endete sie am Bahnhof Raumland, von wo die Straße „über
den Stöppel" nach Berleburg führt. Zu der Kirchengemeinde gehören
außerdem die Dörfer Dotzlar, Hemschlar, Rinthe und Berghausen mit
(um 1955) 3000 „Seelen".

1.3 Ordination

Mitte September 1953 wurde ich in Raumland ordiniert. Die dazu erforderliche „Stellungnahme zu Schrift und Bekenntnis" liegt bei meinen Akten.

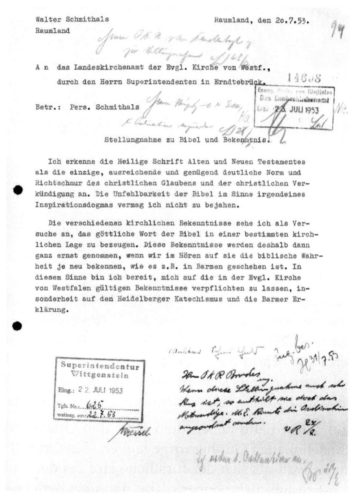

Abb. 4: Stellungnahme zu Bibel und Bekenntnis
Handschriftliche Ergänzungen im unteren Teil des Dokuments:
„Herrn OKR Brandes
Wenn diese Stellungnahme auch sehr kurz ist, so enthält sie doch das Notwendi-
ge. M. E. könnte die Ordination angeordnet werden. vR 27./7." (vR steht für Ober-
kirchenrat van Randenborgh) **„Ich ordne d. Ordination an. Br. 28./7"** (Br steht für
Oberkirchenrat Brandes).
Quelle: Archiv Bielefeld EKVW Best. 1 Nr. 2842

Synode Wittgenstein

Ordination in Raumland

In einem Nachmittagsgottesdienst in der Kirche zu Raumland wurde am 13. September Pastor Walter Schmidthals durch Superintendent Kressel ordiniert. Der Superintendent legte seiner Ansprache das Wort von der geschehenen Versöhnung in Christus zugrunde, und von unserem Botschafterdienst, den wir an Christi Statt auszurichten haben in eine in Unordnung geratene Welt hinein, nach 2. Kor. 5. Unter den Pfarrern, die bei der Ordination assistierten, war auch der ehemalige Vikariatsvater des Ordinanden, Pastor Freese aus Minden. Pastor Schmidthals predigte über 2. Mose 3, 1-6. Und er tat das gewiß nicht in der Sprache Kanaans, sondern er redete in unsere Zeit hinein, auch zur politischen Situation vom Wort des lebendigen Gottes her zur Sache. Unter den trotz der Nachmittagsstunde zahlreich erschienenen Gemeindegliedern und Gästen befanden sich auch die Fürstin als Patronin der Gemeinde Raumland sowie Behörden- und Schulvertreter.

Bei einem Kaffeetrinken, das Pastor Schmidthals am Nachmittag den Gästen gab, wurden ihm seitens des Presbyteriums, der Schulbehörde, der politischen Gemeinde und des Kirchenkreises Grüße und Wünsche überbracht, wobei Presbyter Mielke namens des Presbyteriums Raumland seiner Freude Ausdruck gab, daß die lange Vakanzzeit nun vorüber sei. Er danke allen, die in der Zwischenzeit mit Rat und Tat der Gemeinde beigestanden haben. Der Schulrat betonte besonders die innere Verbundenheit der Arbeit in Kirche und Schule. Herr Kroh aus Dotzlar überbrachte die Grüße der Gemeindevertretung. Und Pfarrer Klammer wünschte namens der Kreissynode, daß die nun so stark veränderte Pfarrerschaft in Wittgenstein zu einer echten Bruderschaft zusammenwachsen möge.

Abschrift aus: „Westfälische Rundschau", Regionalausgabe Siegen/Wittgenstein, September 1953, genaues Datum unbekannt (die unrichtige Schreibweise „Schmidthals" wurde aus dem Original übernommen).

1.4 Hilfsprediger-Jahr

In meinem ersten Jahr habe ich fast alle Häuser in den Dörfern besucht und die Menschen kennengelernt, weitgehend im Zusammenhang mit den Amtshandlungen aller Art. Ich hielt dabei die Gemein-
dekartei auf dem Laufenden, auch mit einzelnen Informationen. Das
erleichterte mir späterhin die Arbeit sehr.

Als hauptamtliche Mitarbeiterin fand ich Schwester Marie vor, eine
Diakonisse der Michowitzer Schwestern[18], deren Mutterhaus damals
im Schloss Berleburg war, wo sie, aus Schlesien vertrieben, eine Bleibe
fanden, bis sie sich in Freudenberg/Sieg neu ansiedelten. Schwester
Marie war eigentlich eine Kinderschwester. Sie betreute die Frauenhilfen in Dotzlar, Hemschlar und Rinthe und bemühte sich um soziale
Betreuung und Krankenpflege. Sie war herrisch, und ich musste
manchmal manchen Konflikt zu schlichten versuchen. Sie wurde Anfang der 60er Jahre ins Mutterhaus zurückgerufen und hat später ihren Ruhestand in ihrer schwäbischen Heimat verbracht.

Ich hatte gleich Mittel zur Anschaffung eines Motorrades beantragt,
und zwar mit Hinweis auf die Gottesdienststätten in den angeschlossenen Dörfern Dotzlar, Rinthe und Hemschlar. Mein Führerschein
datiert vom 28. Mai 1953 – für ein Motorrad genügte nach meiner
Erinnerung eine mündliche Prüfung, und ein wenig Technik hatte ich
mir bei Peter[19] angeeignet, der ein uraltes Kleinmotorrad hatte –, und
im Juni besaß ich eine „dienstliche" DKW 125, die mir auch die wö-
chentliche Fahrt nach Marburg sehr erleichterte.[20]

<u>Marlene Schmithals:</u> Einmal stellte er sich bei einem Gemeindeglied
vor. Die beiden hatten sich sehr angeregt unterhalten und der Mann
brachte ihn beim Abschied zur Tür. Dort fragte er: „Von welcher Firma kommen Sie eigentlich?"

---

[18] Diakonissen des Friedenshortes, 1892 in Michowitz (heute: Miechowice/Polen)
gegründet, 1945 im Kriegsverlauf von dort vertrieben.
[19] Jüngerer Bruder von Walter Schmithals
[20] Walter Schmithals studierte in den Jahren 1953 und 1954 zwei Semester Theologie
in Marburg, um zur Promotion zugelassen zu werden (siehe Seite 153)

Abb. 5: Pfarrer Walter Schmithals auf seinem Dienstmotorrad 1953
Quelle: privates Fotoalbum Familie Schmithals

Elke Franz: Zu Beginn seiner Amtszeit wollte Pfarrer Schmithals sich bei meiner alten Oma vorstellen. Er hatte zu dieser Zeit ein Motorrad und kam damit angefahren. Die Haustüren auf den Dörfern waren in der damaligen Zeit nicht verschlossen, wenigstens tagsüber nicht. Meine Oma hörte schwer und bemerkte sein Kommen nicht. Plötzlich stand er also in der Küche vor ihr. Er hatte dunkle Motorrad-Kleidung an und meine Oma erschrak furchtbar und rief laut: „Wir kaufen nichts!"

Evangelische Kirchengemeinde   Raumland, den 23. April 1953
    Raumland
Krs. Wittgenstein

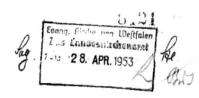

An das

    Landeskirchenamt der Evang. Kirche von Westfalen

                                            in

                                         Bielefeld

Durch den Herrn Superintendenten in Erndtebrück

> **Superintendentur Wittgenstein**
> Eing.: 26. APR. 1953
> Tgb. Nr.: 356
> weiterg. am: 27.14.53

Betr. : Antrag auf Gewährung einer Beihilfe für ein Motorrad

    In seiner Sitzung am 18. April d. J. hat das Presbyterium
einmütig beschlossen, den Pfarrer und die Gemeindeschwester zur
Erleichterung ihres Dienstes mit einem Motorrad bezw. Motorroller
auszurüsten. Zu dem Pfarrbezirk Raumland gehören die Außenorte
Dotzlar, Hemschlar und Rinthe, die 5 - 8 km vom Pfarrdorf entfernt
liegen, ganz abgesehen von den Einzelgehöften, die sehr zahlreich
sind und noch weit größere Entfernungen bis Raumland haben. Ein
Fahrrad ist in unserer gebirgigen Gegend unzweckmäßig, zumal wenn
der Pastor kein gesundes Herz besitzt.
    Das Presbyterium bittet daher das Landeskirchenamt höflich
um einen angemessenen Zuschuß, daß etwa aus den Beihilfen von
Landeskirchenamt und Synode das erforderliche Rad - das etwa
1400. - DM kostet - beschafft werden kann. Das Rad für die Gemeindeschwester soll auf Kosten der Kirchenkasse angeschafft werden.

                    Der Vorsitzende des Presbyteriums :

                      i. V. *Dilthey*,   Pfarrer

Abb. 6: Antrag des Presbyteriums an das Landeskirchenamt für die Beihilfe zur
Anschaffung eines Motorrads; unterschrieben vom Berleburger Pfarrer Dilthey, der
während der Vakanz den Vorsitz im Raumländer Presbyterium geführt hatte.
Quelle: Landeskirchliche Archiv Bielefeld Best. 2.2 1848

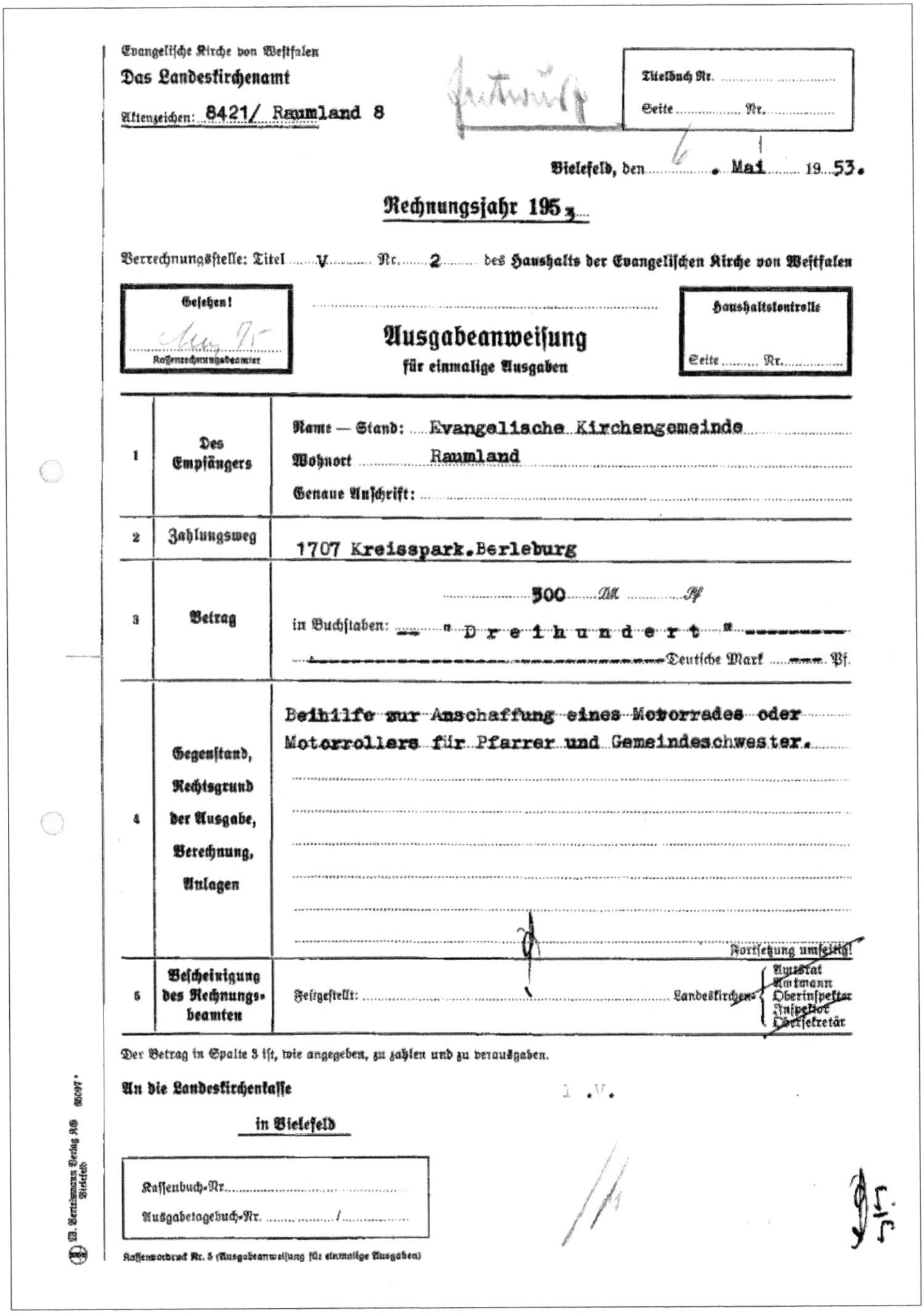

Evangelische Kirche von Westfalen
Das Landeskirchenamt
Aktenzeichen: 8421/ Raumland 8

Titelbuch Nr. ....
Seite .... Nr. ....

Bielefeld, den 6. Mai 1953.

Rechnungsjahr 1953

Verrechnungsstelle: Titel V Nr. 2 des Haushalts der Evangelischen Kirche von Westfalen

Gesehen!
Kassenrechnungsbeamter

Haushaltskontrolle
Seite .... Nr. ....

Ausgabeanweisung
für einmalige Ausgaben

1	Des Empfängers	Name — Stand: Evangelische Kirchengemeinde Wohnort Raumland Genaue Anschrift:
2	Zahlungsweg	1707 Kreisspark.Berleburg
3	Betrag	300 DM .... Pf in Buchstaben: — "Dreihundert" — — Deutsche Mark — Pf.
4	Gegenstand, Rechtsgrund der Ausgabe, Berechnung, Anlagen	Beihilfe zur Anschaffung eines Motorrades oder Motorrollers für Pfarrer und Gemeindeschwester. Fortsetzung umseitig!
5	Bescheinigung des Rechnungsbeamten	Festgestellt: .... Landeskirchen- Amtsrat / Amtmann / Oberinspektor / Inspektor / Obersekretär

Der Betrag in Spalte 3 ist, wie angegeben, zu zahlen und zu verausgaben.

An die Landeskirchenkasse
in Bielefeld

I. V.

Kassenbuch-Nr. ....
Ausgabetagebuch-Nr. .... / ....

Kassenvordruck Nr. 5 (Ausgabeanweisung für einmalige Ausgaben)

Abb.7: Ausgabeanweisung für die Beihilfe zur Anschaffung eines Motorrads
Quelle: Landeskirchliche Archiv Bielefeld Best. 2.2 1848

1.5   Berufung zum Inhaber der ersten Pfarrstelle

Nach Ableistung des „Hilfsdienstjahres" wurde ich im Mai 1954 zum Inhaber der ersten Pfarrstelle der Kirchengemeinde Raumland gewählt. Die Berufungsurkunde wurde nach altem Herkommen vom Fürsten in Berleburg ausgefertigt, denn Raumland gehörte zu den fünf alten Pfarrstellen der Grafschaft Wittgenstein-Berleburg, deren Patron der Graf/Fürst war, freilich inzwischen ohne Rechte und Pflichten.

Bei meiner Ordination war die Fürstin, eine aus Schweden stammende Kriegerwitwe, anwesend; ihr Mann war als Jagdflieger gefallen. Im Übrigen trat ich in keine Beziehung zum fürstlichen Haus. Allerdings stellte die fürstliche Rentkammer dem Pfarrer jährlich etwa 30 Festmeter Holz zur Verfügung, das er im Wald abholen lassen musste, ein Rest der alten Patronatspflichten. Der Holzstapel war Anlass, mich das Jahr über mit Säge und Axt zu beschäftigen.

Für die Gemeinde war die Doppelung von Ordination und Einführung in das Pfarramt, beide liturgisch kaum unterschieden, wenig einsichtig, und mir ist auch stets deutlich gewesen, dass die gesonderte, nicht mit einer Amtsübergabe verbundene Ordination ein Rest der alten Priesterweihe ist und aufgegeben werden sollte.

In Berghausen (etwa 1000 „Seelen") war eine zweite Pfarrstelle eingerichtet worden, die, als ich 1953 nach Raumland kam, von einem alten Volksmissionar Begemann provisorisch verwaltet wurde. Ich behielt zu ihm ein distanziertes Verhältnis und ließ ihn nach seiner Art arbeiten, sorgte aber dafür, dass die Pfarrstelle im Herbst 1954 ordentlich besetzt wurde, und zwar mit Günther Klein[21], den ich vom Studium und vom Predigerseminar her kannte. Wir haben fast 10 Jahre gut zusammengearbeitet und galten deshalb, obwohl beide recht groß, als Pat und Patachon. Er ist, eine treue, friedliche und aufrichtige Seele, bis zu seiner Pensionierung in Berghausen geblieben und lebt heute (1998) in seiner Heimatstadt Hilchenbach. Wir haben uns nach Möglichkeit auf die pastorale Tätigkeit je im eigenen Gemeinde-

---

[21] Günther Klein (11.08.1923–22.05.2015): Pfarrer in Berghausen

bezirk konzentriert und nur in Notfällen vertreten; an den zweiten
Feiertagen kam es zu einem regelmäßigen Kanzeltausch.

B e r u f u n g s - U r k u n d e

Nachdem die Pfarrstelle der Evangelischen
Kirchengemeinde in Raumland vacant geworden ist, hat
Seine Durchlaucht Fürst Gustav Albrecht zu Sayn-Wittgenstein
Berleburg die Wahl des Pfarrers Walter S c h m i t h a l s
bestätigt und demselben die 1. Pfarrstelle in Raumland
verliehen und übertragen.

Seine Durchlaucht der Fürst hagt das Vertrauen zu
Ihnen, daß Sie das teuere Evangelium und den ganzen Rat
Gottes zur Seligkeit Ihrer Gemeinde nach seinem heiligen
geoffenbarten Worte, den Grundsätzen der Evangelischen
Kirche gemäß rein und lauter und vollständig verkünden,
die Sakramente des Herrn recht und würdig verwalten, einen
jeglichen Ihrer Gemeinde auf den Weg des Heils in Christo-
Jesu hinführen, dazu mit aller Geduld und Lehre bitten,
vermahnen und warnen, auch über Aufrechterhaltung der ein-
geführten kirchlichen Ordnung wachen und halten und allent-
halben und in allen Stücken das Werk eines Evangelischen
Predigers recht treiben und wohl ausrichten, sich auch
selbst in Ihrem Wandel als ein Vorbild guter Werke dar-
stellen und sich in Lehre und Leben also verhalten werden,
wie es einem Evangelischen Seelsorger wohl ansteht und
gebührt.

Wir erwarten von Ihnen, daß Sie im allgemeinen
Ihr Amt nach dem in der Kirchenordnung für die evangelischen Gemeinden der Provinz Westfalen und der Rheinprovinz
vom 6. November 1923 enthaltenen Bestimmungen sowie nach
Maßgabe der außerdem geltenden oder künftig noch ergehenden
gesetzlichen Verordnungen gewissenhaft verwalten, insbesondere aber sich in der hier beogefügten Dienstanweisung
näher angegebenen Amtsverrichtung genau und pünktlich
unterziehen.

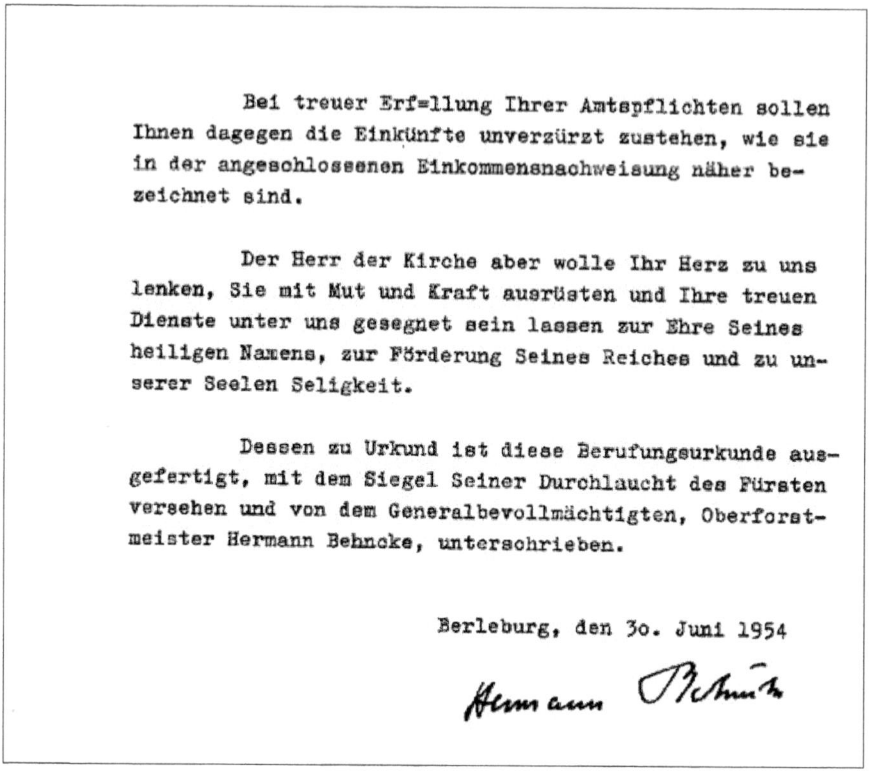

Bei treuer Erf=llung Ihrer Amtspflichten sollen
Ihnen dagegen die Einkünfte unverzürst zustehen, wie sie
in der angeschlossenen Einkommensnachweisung näher bezeichnet sind.

Der Herr der Kirche aber wolle Ihr Herz zu uns
lenken, Sie mit Mut und Kraft ausrüsten und Ihre treuen
Dienste unter uns gesegnet sein lassen zur Ehre Seines
heiligen Namens, zur Förderung Seines Reiches und zu unserer Seelen Seligkeit.

Dessen zu Urkund ist diese Berufungsurkunde ausgefertigt, mit dem Siegel Seiner Durchlaucht des Fürsten
versehen und von dem Generalbevollmächtigten, Oberforstmeister Hermann Behnke, unterschrieben.

Berleburg, den 30. Juni 1954

Hermann Behnke

Abb. 8 (vorherige Seite) und Abb. 9 (oben): Berufungsurkunde des Fürsten, vertreten durch Oberforstmeister Hermann Behnke.
Quelle: LkA EKvW Best. 2.2. Ortsakten 16438 Berufungsurkunde

1946 waren viele vertriebene Schlesier in die Gemeinde gekommen.
Man hatte sich 1953 schon an sie gewöhnt. Sie waren im Allgemeinen
sehr fleißig. Manche hatten sich bereits ein Haus gebaut, andere mit
Einheimischen verheiratet. Insgesamt bedeuteten sie eine Bereiche-
rung, obschon die Dörfer keine eigentliche Inzucht gekannt hatten. Sie
waren besonders dankbar, auch kirchlich angenommen zu sein. Eine
nach Rinthe[22] verschlagene Frau brachte gelegentlich ein Körbchen
Pilze von Arten, wie man sie nicht gewohnt war zu sammeln.

Als ich in diesem Frühjahr (1998) von Gerda Dickel, verh. Hackenbracht, die ich vor 40 Jahren konfirmiert hatte, gebeten wurde, den

---

[22] Seit 1975 ein Ortsteil von Bad Berleburg

Jubiläums-Gottesdienst am Palmsonntag zu halten (fast alle noch lebenden Konfirmanden waren gekommen; die Predigt liegt schriftlich vor[23]), rühmte einer der „schlesischen" Konfirmanden, mit dem ich beim Mittagessen zusammen saß, nicht ohne Grund den „kulturellen" Vorteil, den die Wittgensteiner durch die Flüchtlinge aus Schlesien gewonnen hatten.

Unter den schlesischen Flüchtlingen waren auch Katholiken, die sich aber problemlos in die evangelische Gemeinschaft integrierten. Als ich 1963 Raumland verließ, musste ich noch 5 oder 6 offiziell in die evangelische Kirche aufnehmen.

Wanderer

*„Ich bin dein Pilgrim und dein Bürger
Wie alle meine Väter."(Ps. 39,13.)*

Der Christ versteht sein Leben auf dieser Erde als ein Leben auf der Wanderschaft. Er ist stets unterwegs. Nicht wie ein Landstreicher, der ziellos umherwandert. Der Christ hat auf seiner Wanderschaft ein festes Ziel vor Augen. Er wandert von der Zeit in die Ewigkeit, von der Vergänglichkeit in die Unvergänglichkeit, vom Leben zum Tod und vom Tod zum Leben. Er verläßt den alten Menschen und sucht den neuen Menschen; er verleugnet sich selbst und ist unterwegs zu Gott.

Er weiß, daß er ein gottgegebenes Recht auf Heimat hat. Gott hat ihm dieses Recht gegeben und teuer erworben am Kreuz Jesu Christi. Dies Recht gründet auf Barmherzigkeit und Vergebung. Es ist das Recht derer, die Gott allein alle Ehre geben. Es ist das Recht auf die ewige Heimat und auf ein Haus, das nicht mit Händen gemacht ist.

Der Christ freut sich über die vorläufige Heimat hier auf Erden; er dankt für die Wohnungen, die er hier bauen darf. Aber er hängt sein Herz nicht daran; denn er hat kein gottgegebenes Recht darauf. Er bleibt auf Erden ein Wanderer und ist Bürger im Reiche Gottes – wie alle seine Väter.

Pfarrer Dr. Walter Schmithals, Raumland

Abschrift aus: „Westfälische Rundschau", Regionalausgabe Siegen/Wittgenstein „Sonntagsbetrachtung" vom 03.03.1962

---

[23] Sie befindet sich im Anhang dieses Buches, Seite 178.

2. Die Pfarrfrau: Marlene Schmithals

Bei Hochzeiten, Taufen und Beerdigungen musste man an der häuslichen Feier teilnehmen. Die Gemeinde schätzte sehr, dass nach Möglichkeit die Pfarrfrau mitkam. Das Pfarrhaus stand tagsüber offen, so dass die Leute, etwa bei der Anmeldung von Amtshandlungen, ohne weiteres hereinkamen und dann ggf. ihr Anliegen auch bei der 'Parrschen', der Pfarrfrau, vorbrachten. Sie sicherte ihnen dann zu, dass ich sie baldmöglichst zuhause aufsuchen werde.

In Dotzlar bekam ich nach alter Sitte zur Osterzeit, wenn die Frauenhilfe die Sommerpause begann, einen Korb mit 100 oder 150 Eiern, die Marlene für die Weihnachtsbäckerei in einem Tontopf in Wasserglas einlegte.

Sie selbst sammelte in Raumland einen lebendigen Mütterkreis, mit deren Mitgliedern noch heute (1998) manche Verbindung besteht. Wichtig und zu organisieren war der jährliche Ausflug der Frauenhilfe, oft die einzige Gelegenheit für die Frauen, aus Wittgenstein herauszukommen. 1958 fuhren wir z.B. nach Bielefeld und besichtigten die Oetkerwerke, nach dem Bau der Mauer an die Zonengrenze bei Eschwege.

Abb. 10: Ausflug der Frauenhilfe zur Zonengrenze bei Eschwege 1962
Quelle: Gemeindebüro der Kirchengemeinde Raumland

Abschrift aus: „Westfälische Rundschau", Regionalausgabe Siegen/Wittgenstein „Sonntagsbetrachtung", 25./26.10.1958

<u>Marlene Schmithals</u>: Ganz bewusst hatte ich mich für den Beruf „Pfarrfrau" entschieden; ich musste mich auch entscheiden, denn es gab damals eine Anordnung der Landeskirche, dass Theologinnen im Falle ihrer Verheiratung nicht zur zweiten Prüfung zugelassen werden. Das war mir zu Beginn des Studiums nicht bewusst. Claudia Bader[24], die an der Universitätskirche in Marburg Pfarrerin war, hatte uns Studentinnen darauf aufmerksam gemacht. Da wurde mir klar, dass Walter und ich auf mehrere Jahr hinaus nicht heiraten könnten, wenn ich meine berufliche Ausbildung wie geplant fortsetzen würde.

---

[24] Claudia Bader (1900–1974) wurde 1952 in der Universitätskirche Marburg als eine der ersten Frauen überhaupt ordiniert. Siehe: Bettina Wischhöfer: „Pfarrhelferin, Vikarin, Pfarrerin" Kassel 2012

41

Kirchliches Amtsblatt

Gesetz- und Verordnungsblatt der Evangelischen Landeskirche von Kurhessen-Waldeck

Nr. 6   Kassel, den 1. September 1949

64. Jahrgang

1) Verordnung über die Dienst- und Besoldungsverhältnisse der Vikarinnen.

Auf Grund des § 15 des Kirchengesetzes über das Amt der Vikarinnen vom 17. 2. 49 — K.A. S. 10 — erlasse ich folgende

Verordnung
über die Dienst- und Besoldungsverhältnisse der Vikarinnen.

§ 1

Die Einrichtung einer Vikarinnenstelle und die Anstellung einer Vikarin in einer Kirchengemeinde (Gesamtverband), einem Kirchenkreis oder einem kirchlichen Werk bedarf der Genehmigung des Bischofs.

§ 2

Auf die Vikarinnen finden, soweit nichts anderes bestimmt ist, die für die Pfarrer jeweils geltenden kirchenrechtlichen Vorschriften sinngemäße Anwendung.

§ 3

Die Dienstaufsicht über die Vikarinnen wird im Rahmen der Dienstanweisung (§ 12 des Gesetzes) geregelt.

§ 4

An die Stelle des Verlustes der Rechte des geistlichen Standes tritt der Verlust der den Vikarinnen nach den §§ 1 und 12 des Gesetzes beigelegten Befugnisse.

§ 5

Ist bei einer Vikarin ein Wechsel des Dienstes erwünscht, so kann der Bischof nach Anhörung der Vikarin und im Benehmen mit den beteiligten kirchlichen Körperschaften oder kirchlichen Werken ihre Versetzung verfügen.

§ 6

Als Diensteinkommen erhalten die Vikarinnen 80% des Pfarrergehaltes und freie Dienstwohnung, ersatzweise eine angemessene Mietsentschädigung.

§ 7

1) Eine Vikarin kann auf ihren Antrag oder auch ohne ihre Zustimmung in den Ruhestand versetzt werden, wenn sie entweder

a) das 60. Lebensjahr zurückgelegt hat oder

b) wegen eines körperlichen Gebrechens oder wegen Schwäche ihrer körperlichen oder geistigen Kräfte dienstunfähig geworden oder

c) durch Krankheit länger als ein Jahr von der Versehung ihres Dienstes abgehalten worden ist oder

d) wenn ein anderer wichtiger Grund die Zurruhesetzung erforderlich macht.

2) Vikarinnen, die nach Absatz 1 in den Ruhestand versetzt sind, haben das Recht, sich als Vikarin i. R. zu bezeichnen.

§ 8

Im Falle ihrer Verlobung hat die Vikarin dem Bischof auf dem Dienstwege Kenntnis zu geben.

§ 9

Im Falle ihrer Verheiratung erhält die Vikarin die laufenden Dienstbezüge bis zum Ende des Monats, in dem die Eheschließung stattfindet. Die aus dem Dienst ausscheidende Vikarin erhält eine Abfindung nach den Grundsätzen des § 64 DBG. Durch die Abfindung werden alle Versorgungsansprüche abgegolten.

§ 10

1) Die Besoldung der Vikarin wird von der kirchlichen Körperschaft oder dem kirchlichen Werk getragen, in deren Dienst die Vikarin angestellt ist.

2) Die Versorgung (einschließlich der Abfindung nach § 9) übernimmt die Landeskirche. Die kirchlichen Werke sind verpflichtet, zu den Versorgungslasten der Landeskirche einen Beitrag nach den für die Versorgung der Anstaltsgeistlichen geltenden Grundsätzen zu leisten.

§ 11

1) Als Vikarin darf nur angestellt werden, wer zuvor mindestens 2 Jahre als Hilfsvikarin tätig war.

Abb. 11: Kirchliches Amtsblatt Ev. Landeskirche von Kurhessen Waldeck Nr. 6 v. 1. Sep. 1949

Auszug: „**§7 Im Falle ihrer Verheiratung scheidet die Kandidatin aus dem Kandidatenstande aus. In besonderen Fällen können Ausnahmen gestattet werden.**"

Quelle: Landeskirchliche Archiv Kassel, Z – Bibliothek des Landeskirchlichen Archivs, Nr. Ab 8, Kirchliches Amtsblatt der Evangelischen Kirche von Kurhessen-Waldeck (EKKW), 1873-2017 Kirchliches Amtsblatt 2, Kassel, den 15. März 1949, 64.

Auch war es damals unüblich und wohl auch nicht ohne weiteres möglich, dass Pfarrfrauen überhaupt einer beruflichen Tätigkeit nachgehen.

Kirchengesetz über die Rechtsverhältnisse der Pfarrer in der Evangelischen Kirche von Westfalen

Vom 29. Oktober 1954

Die Landesynode der Evangelischen Kirche von Westfalen hat auf Grund von Artikel 24 der Kirchenordnung folgendes Kirchengesetz beschlos-

(2) Einer Beurlaubung bedarf er nicht bei einer Abwesenheit aus dienstlichen Gründen; jedoch hat der Pfarrer eine Abwesenheit von mehr als zwei Tagen unter Mitteilung der Vertretungsregelung

Versetzung eines Pfarrers aus dienstlichen Gründen.

Ehescheidung

§ 8

(1) Hält ein Pfarrer oder seine Ehefrau die Erhebung einer Ehescheidungsklage für unvermeidbar, so hat der Pfarrer dem Superintendenten sofort Mitteilung zu machen.

(2) Wird eine Klage auf Ehescheidung erhoben, so ist dies dem Landeskirchenamt alsbald anzuzeigen. Das Landeskirchenamt kann den Pfarrer während des Ehescheidungsverfahrens beurlauben. Bei erfolgter Scheidung kann das Landeskirchenamt den Pfarrer in den Wartestand versetzen. Die Bestimmungen in § 7 Abs. 3 finden Anwendung.

Amtsverschwiegenheit

§ 9

(1) Der Pfarrer darf über Angelegenheiten, über die er Verschwiegenheit zu bewahren hat (Art. 22 der Kirchenordnung), nur mit Genehmigung des Landeskirchenamtes vor Gericht oder außergerichtlich Erklärungen abgeben.

(2) Die Schweigepflicht in seelsorgerlichen Angelegenheiten und die Unverbrüchlichkeit des Beichtgeheimnisses wird durch diese Vorschrift nicht berührt.

Evangelische Unterweisung im Nebenamt

§ 10

Der Pfarrer kann zur Erteilung Evangelischer Unterweisung in den Schulen gemäß den Bestimmungen und Richtlinien des Landeskirchenamtes durch den Superintendenten herangezogen werden. In jedem Fall ist darauf zu achten, daß der übrige Dienst in der Gemeinde durch diese Beanspruchung nicht zu sehr beeinträchtigt wird.

Nebenbeschäftigung

§ 11

(1) Der Pfarrer darf kein Gewerbe betreiben.

ten anzuzeigen. Die Fortführung solcher Ehrenämter kann vom Landeskirchenamt untersagt werden, wenn der Pfarrer dadurch seine Dienstpflichten versäumt.

(5) Mit Rücksicht auf den Dienst ihres Mannes soll die Pfarrfrau eine gewerbliche oder berufliche Tätigkeit nicht ausüben. Ausnahmen bedürfen nach Anhören des Presbyteriums der Genehmigung des Landeskirchenamtes.

Politische Betätigung

§ 12

(1) Der Pfarrer soll bei politischer Betätigung die Rücksicht walten lassen, die sich aus seinem Amt als Diener am Wort und im Blick auf die ihm anvertraute Gemeinde ergibt.

(2) Ein Pfarrer darf politische Aufgaben nur nach vorheriger Fühlungnahme mit dem Landeskirchenamt übernehmen.

(3) Stellt sich ein Pfarrer für ein politisches Mandat als Abgeordneter einer gesetzgebenden Körperschaft zur Wahl gestellt, so hat er sich bis zum Wahltag beurlauben zu lassen. Wird er gewählt, so tritt er mit der Annahme des Mandates in den Wartestand. Die Wartestandszeit wird auf das Dienstalter angerechnet.

(4) Nach Beendigung des Mandates soll der Pfarrer wieder in ein Pfarramt berufen werden. Erweist sich seine Wiederverwendung innerhalb von zwei Jahren nicht als möglich, so wird er in den Ruhestand versetzt.

Sonstige Rechte und Pflichten

§ 13

Die Besoldung und Versorgung des Pfarrers, die Umzugskostenvergütungen und Notstandsbeihilfen für den Pfarrer werden durch besondere Ordnung geregelt.

§ 14

(1) Will ein Pfarrer vermögensrechtliche Ansprüche aus seinem Dienstverhältnis vor staatlichen Gerichten geltend machen, so hat er die Vorentscheidung des Landeskirchenamtes einzuholen.

Abb. 12 und 13: Kirchengesetz Evangelische Kirche von Westfalen vom 29. Oktober 1954

Auszug: „§11 (5) Mit Rücksicht auf den Dienst Ihres Mannes soll die Pfarrfrau eine gewerbliche oder berufliche Tätigkeit nicht ausüben. Ausnahmen bedürfen nach Anhören des Presbyteriums der Genehmigung des Landeskirchenamtes.“

Quelle: Landeskirchliche Archiv Bielefeld, Kirchliches Amtsblatt 14: Kirchengesetz über die Rechtsverhältnisse der Pfarrer in der Evangelischen Kirche von Westfalen vom 29. Oktober 1954

Es war auch gar nicht mein Ziel, selber zu arbeiten, da mein Mann eine Arbeit haben und den Unterhalt der Familie würde bestreiten können. So habe ich mein Theologie-Studium aufgegeben und stattdessen bei den amerikanischen Besatzungstruppen in Hanau im Büro gearbeitet. Von dem dort verdienten Geld konnte ich die Aussteuer anschaffen.

In der Zeit bei den Amerikanern haben sich meine Englisch-Kenntnisse natürlich entscheidend verbessert. Ich konnte nach einiger Zeit fließend Englisch sprechen. Das habe ich auch in Raumland genutzt: Mit Werner Posner zum Beispiel, der später selber Pfarrer wurde, habe ich Englisch geübt, als er auf das Gymnasium kam. Wir hatten in Raumland auch einmal Besuch einer Gruppe aus Amerika (Nachfahren einer evangelikalen Gemeinschaft aus dem Siegerland), mit denen ich problemlos kommunizieren konnte.

Gleichberechtigung

„Hier ist nicht Mann noch Frau, denn ihr seid allzumal einer in Christus Jesus"(Gal. 3,28)

Es ist etwa zehn Jahre her, daß in unserem Staate die Gleichberechtigung von Mann und Frau gesetzlich verankert wurde, von den einen begrüßt, von den anderen bekämpft.

Hat dieses neue Gesetz unsere Ehen geändert, oder die Ehen unserer Eltern, unserer Nachbarn, der befreundeten Familien? Ist etwas anders geworden in unseren durchschnittlichen, unseren leidlich guten Ehen? Offenbar nicht! Ich glaube, die Gleichberechtigung hat uns weder zu besseren noch zu schlechteren Eheleuten gemacht.

Wie kommt das? Nun, in einer leidlich guten Ehe sind Mann und Frau bei uns schon immer „gleichberechtigt" gewesen. Da hat auch früher der Mann nicht kommandiert und die Frau nicht pariert. Da ist man seinen Weg durch Freud und Leid m i t einander gegangen; da hat man den anderen als seinen Gefährten allezeit respektiert.

Wo Christen miteinander leben, wissen sie, daß Gott Mann und Frau gleich lieb hat, daß keiner vor ihm mehr wert ist, daß beide den gleichen Auftrag haben: einander zu dienen.

Gesetz hin, Gesetz her: Aber wehe den Christen, die vergessen, daß Mann und Frau in Jesus Christus e i n e s sind und nur einer Herr ist in der Ehe: Jesus Christus selbst.

Pfarrer Dr. Walter Schmithals, Raumland

Abschrift aus: „Westfälische Rundschau", Regionalausgabe Siegen/Wittgenstein „Sonntagsbetrachtung" vom 15.06.1963

Abb. 14: Marlene Schmithals mit ihrer Tochter Kathrin auf dem Arm, 1962
Quelle: privates Fotoalbum Familie Schmithals

Dennoch: das Interesse an der Theologie und auch an der wissenschaftlichen Forschung blieb natürlich bestehen. Und eine gute Möglichkeit, auf dem Laufenden zu bleiben, bestand darin, dass ich die Manuskripte las, die auf dem Schreibtisch meines Mannes lagen. Er war vormittags meistens für Hausbesuche unterwegs, und so unterbrach ich manchmal meine Putzarbeit, ging nach oben in sein Arbeitszimmer, um zu lesen, woran er gerade wissenschaftlich arbeitete. Es war so, dass er alle Bücher oder Aufsätze zunächst handschriftlich verfasste und dann mit der Maschine abtippte, um sie in dieser Form an den Verlag zu schicken. Wenn sie dann als Umbrüche aus dem Verlag zurückkamen, gab er diese zuerst mir mit der Bitte, sie zu lesen und eventuell Korrekturen anzubringen. Das war mir sehr, sehr wichtig und ich habe das gerne macht. Ansonsten hatte ich freilich wenig Zeit zum Lesen von wissenschaftlichen Büchern.

In der Gemeindearbeit war ich gerne aktiv und habe mich engagiert, soweit das neben den Kindern, der Haus- und Gartenarbeit irgendwie möglich war. Nachmittags hatte ich öfter Zeit für Hausbesuche. Gerne nahm ich dann den Kinderwagen einfach mit. Als Anlass
gab es mal einen Geburtstag, zu dem ich gratulierte, oder ich sprach
eine Einladung zu meinem Mütterkreis aus.

Die Veranstaltungen, die ich leitete, fanden am Abend statt, die
Veranstaltungen meines Mannes nachmittags. Auch dort, zum Beispiel beim Mädchenkreis, half ich manchmal aus.

Sehr beliebt bei den jungen Mädchen waren die Fahrradreisen, die
er einmal jährlich über Pfingsten organisierte. Einmal, 1957, konnte
ich dort mitfahren, denn die drei großen Kinder konnten wir bei den
Großeltern lassen, die jüngeren Kinder waren noch nicht geboren.

Abb. 15: Abfahrt zur Fahrradreise des Mädchenkreises über Pfingsten nach Holland
1957
Von links nach rechts: Walter Schmithals, Marlene Schmithals, Ewald L., Helga B.
(im Vordergrund), Leni G., Rosemarie B., Renate N.
Quelle: privates Fotoalbum Familie Schmithals

Der Mütterkreis, den ich leitete, traf sich in den Wochen vom Erntedankfest an bis Ostern einmal wöchentlich abends. Es gab aber auch immer mal Ausflüge und andere besondere Veranstaltungen.

Wenn ich abends „Dienst" hatte – und auch sonst gerne – badete mein Mann die Kinder. Das war in der damaligen Zeit noch eher ungewöhnlich. Ich kann mich noch gut daran erinnern, wie Herr Oberkirchenrat Brandes[25] einmal wieder zu Gast bei uns im Hause war. Er staunte nicht schlecht, als er sah, wie mein Mann selbstverständlich seine älteste Tochter wickelte – und vorher ihren nackten Po zum Reinigen einfach in der Küche unter den Wasserhahn hielt.

War der Lehrer verhindert, übernahm ich das Orgelspiel im Gottesdienst – auch das habe ich sehr gerne gemacht. Die Dekoration des Altars mit Blumen war ebenfalls meine Aufgabe, bei der ich auf den reichen Pflanzen- und Blumenschatz zurückgegriffen habe, den der Pfarrgarten bot. Samstags buk ich den Stuten[26], der nicht nur sonntags unser Frühstücksbrot war, sondern auch das Brot darstellte, das zum Abendmahl in der Kirche gereicht wurde. Die Familien- und Hausarbeit nahm freilich die meiste Zeit in Anspruch. Jeden Morgen um halb sechs habe ich im Winter die Öfen im Haus angeschmissen. Und was hatten wir für kalte Winter in Raumland! Das kannte ich aus dem warmen Gelnhausen nicht. Einmal waren die Wasserleitungen im Haus eingefroren. Schön war, dass ich die Windeln draußen auf die Leine hängen konnte. Ich erinnere mich deutlich, wie ich nach Kathrins Geburt im März bei strahlendem Sonnenschein durch den Schnee zur Wäscheleine gestapft bin, um die Windeln aufzuhängen.

Unser Gemüse habe ich im Garten angebaut. Auch Obst konnten wir reichlich ernten: wunderbare Äpfel, die sich bis zum Frühjahr im Keller hielten, reichlich Beeren für Marmelade. Das war auch finanziell unerlässlich, weil wir nicht viel verdienten. Mein Mann half mir sehr bei der Gartenarbeit, vor allem das Umgraben im Frühjahr hätte ich nicht geschafft.

Manchmal bekamen wir von den Bauern Fleisch geschenkt, das ich

---

[25] Oberkirchenrat Wilhelm Brandes 1897–1966
[26] Stuten: helles Weizenbrot aus Hefeteig

dankbar angenommen habe. Regelmäßig bedachten sie uns mit Wurstsuppe, wenn auf den Höfen die Wurst hergestellt wurde, und dann freuten wir uns über die Wurststückchen, die noch darin schwammen. Sehr lebhaft ist mir noch in Erinnerung, wie ich fünfzig oder mehr Eier geschenkt bekam und sie in Wasserglas[27] einlegte, um sie bis zum Beginn der Weihnachtsbäckerei zu konservieren.

Abb. 16: Der Jungmädchen-Kreis 1954.
Von links nach rechts, stehend: Else D., Erna Treude, Marta L., Walter Schmithals, Marlene Schmithals; sitzend: Hildegard R., Waltraud W.
Quelle: privates Fotoalbum Familie Schmithals

---

[27] Konservierungsmethode, die auf einer Alkalisilicatlösung beruht.

Mann und Frau

*Gott der Herr sprach: „Es ist nicht gut, daß
der Mensch allein sei" (1. Mose 2, 18).*

Daß der Mensch nicht allein geschaffen ist, sondern als Mann und Frau, wissen wir. Daß solche Zweisamkeit Gottes gute Ordnung ist, sollten wir bedenken. Denn es ist nicht gut, Gottes gute Ordnung zu verachten; darin wird Gott verachtet.

Besonders unsere heranwachsenden Jungen und Mädchen haben es nötig zu erfahren, daß ihre Geschlechtlichkeit eine gute Gabe Gottes ist. Das erfahren sie nicht auf der Straße unter ihren Altersgenossen. Das erfahren sie auch in der Mehrzahl der Filme nicht, die sie sehen und der Bücher, die sie lesen. Das erfahren sie auch aus den Zoten der Erwachsenen nicht, die sie halbverstanden irgendwo aufschnappen. Dort erfahren sie, es sei eine interessante und pikante, lustvolle und im Grunde unsaubere Sache, daß es Jungen und Mädchen gibt. Dort erfahren sie Lügen.

Die Wahrheit müssen wir Erwachsenen ihnen sagen. Tun wir das nicht, so müssen sie die Reden der anderen für Wahrheit halten und meinen, wir schwiegen aus Scham über unsaubere Dinge.

Die Wahrheit aber ist, daß Gottes Güte Mann und Frau zueinander ordnet und ihnen alle Freude aneinander schenkt. Man muß solche gute Gabe Gottes nur recht zu gebrauchen wissen: In Geduld und Bescheidung, bis man den Gefährten seiner Freude gefunden hat; in Treue und Liebe, solange Gott uns mit ihm wandern läßt.

Pfarrer Dr. Walter Schmithals, Raumland

Abschrift aus: „Westfälische Rundschau", Regionalausgabe Siegen/Wittgenstein „Sonntagsbetrachtung" vom 24.01.1959

<u>Karin Joehnck:</u> Beim ersten Krippenspiel im Jahr 1953 war ich die Maria. Frau Schmithals hat mir dazu ihr Brautkleid als Kostüm geliehen. Das war doch außergewöhnlich, oder? Ich war immer begeistert von Pfarrer Schmithals, und seine Frau war herzensgut.

<u>Heidi Fischer:</u> Frau Schmithals war recht vielseitig engagiert. So spielte sie Orgel, half bei der Jungschar und im Jungmädchenkreis und stand ihrem Manne bei der Gemeindearbeit zur Seite.

<u>Gerda Hackenbracht:</u> Ich erinnere mich noch daran, als ich Frau Schmithals das erste Mal in der Kirche sah: Sie hatte ein grünes Samtkleid an.

<u>Werner Posner:</u> Marlene und Walter Schmithals haben in guter Weise auf dem Dorf ein protestantisches Pfarrhaus realisiert.

3. Das Presbyterium[28]

An „meine" Presbyter erinnere ich mich gerne. Es waren gestandene und zuverlässige Männer.

In Dotzlar einmal der Lehrer **Mielke;** seine Frau leitete die Frauenhilfe; ein Sohn studierte Theologie.

Zum anderen Herr **Kloos**, ein Automechaniker bei Fa. Nölling in Berleburg, ein kleiner, bescheidener und in jeder Weise „guter" Mensch. Als er 1975 im Alter von 65 Jahren gestorben war, schrieb ich seiner Frau von Berlin aus einen Trostbrief, in dem ich darlegte, was er und was er mir gewesen war, und den sie, wie sie mir später einmal erzählte, immer wieder einmal las.

In Rinthe war der Bauer **Dreisbach** („Haus Kaufmanns") Presbyter; er hatte früh seine Frau verloren und die Rinther Hebamme geheiratet, die mit großer Liebe seine vielen Kinder aufgezogen hat.

In Hemschlar war Herr **Bald** Presbyter, auch er Bauer und ein ruhiger, gegründeter Mann.

In Raumland fand ich 1953 Karl **Müller** als Kirchmeister vor; er war Arbeiter gewesen. Er hatte einen schlesischen Schwiegersohn. Seine Enkelin, Traudel Posner, wurde mit unserer Elisabeth zusammen getauft und beide waren als Kinder eng befreundet. Sein Bruder Christian erzählte, dass sein Vater, wenn samstags um 18 Uhr der Sonntag eingeläutet wurde, stets seine Arbeit unterbrochen, den Hut abgenommen und ein Vaterunser gesprochen habe.

Außerdem Hermann **Lange**, Arbeiter und alter Sozialdemokrat; wir schätzten uns gegenseitig sehr.

Dann hatte mich, als ich mich Anfang April 1953 in Raumland vorstellte, Hermann **Limper** als Presbyter begrüßt, Sparkassenleiter in Berleburg. Er war mit seiner Frau einer meiner treuesten Gemeindeglieder; seine Tochter Helga, später Lehrerin, eine Stütze des Mädchenkreises.

---

[28] Bezeichnung des Leitungsgremiums der Gemeinde

D i e n s t a n w e i s u n g

für den in die 1. Pfarrstelle der Gemeinde Raumland gewählten
Pfarrer Walter Schmithals

1) Pfarrbezirk. Der erste Pfarrbezirk umfasst die Gemeinden Raumland, Dotzlar, Hemschlar und Rinthe, die Höfe Rohrbach sowie die
zu Berleburg gehörenden Häuser in Mekhausen und am Bahnhof Raumland

2) Gottesdienst. Der Pfarrer hat jeden Sonn- und Feiertag den Hauptgottesdienst und den anschliessenden Kindergottesdienst in Raumland
zu halten. In Dotzlar ist monatlich zweimal, in Hemschlar und Rinthe
monatlich einmal Gottesdienst zu halten. Während der Passionszeit
finden in Raumland wöchentlich, auf den 3 Ortschaften nach der je-
weiligen Möglichkeit Passionsandachten statt.
Das Abendmahl ist in Raumland an folgenden Tagen auszuteilen: Gründonnerstag, Karfreitag, Erntedankfest, Buss-und Bettag, Totensonntag, Altjahrsabend. In Dotzlar soll am Buss-und Bettag oder am
Totensonntag ausgeteilt werden. Alten und Kranken hat der Pfarrer
das Abendmahl auf Wunsch im Hause zu spenden.

3) Amtshandlungen. T a u f e n werden in Raumland und Dotzlar nach
Möglichkeit im Hauptgottesdienst, in Hemschlar und Rinthe im Hause
gehalten. T r a u u n g e n finden in der Kirche zu Raumland oder
in der Kapelle zu Dotzlar statt. Sie dürfen zu folgenden Zeiten
nicht abgehalten werden: Sonnabends, an 1. Feiertagen, in der Kar-
woche, am Busstag, am Totensonntag. B e e r d i g u n g e n hat
nach Möglichkeit eine Hausandacht voranzugehen. Der Pfarrer begleitet den Trauerzug zum Friedhof, wo er die Beerdigungsansprache hält

4) Unterricht. Den Pfarrunterricht hält der Pfarrer 2 mal wöchentlich getrennt für Katechumenen und Konfirmanden. Im Monat Januar
soll das Presbyterium einer Unterrichtsstunde beiwohnen und über
die Zulassung zur Konfirmation entscheiden. Die Prüfung (Vorstellung) der Konfirmanden geschieht im Gottesdienst am Sonntag Judika,
die Konfirmation ist am Sonntag Palmarum. Die Katechumenen sind
zu Beginn des Unterrichtes der Gemeinde in einem Gottesdienst vorzu-
stellen.
An jedem ersten Sonntag im Monat findet die Christenlehre für die
Konfirmierten der beiden letzten Jahrgänge statt.

5) Seelsorge. Der Pfarrer hat sich besonders der Alten und Kranken
bei seinen Hausbesuchen seelsorgerlich anzunehmen.

6) Gemeindearbeit. Der Pfarrer hat sich gemeinsam mit der Gemeindeschwester und den CVJM der Arbeit an den männlichen und weiblichen
Jugendkreisen sowie der Frauenhilfen seines Pfarrbezirkes anzunehmen

7) Der Vorsitz im Presbyterium wechselt jährlich zwischen den beiden Pfarrstellen.

8) Änderungen und Erweiterungen dieser Dienstanweisung bedürfen
der Genehmigung der Kirchenleitung

Raumland, den 1. Juni 1954   Das Presbyterium:

Abb. 17: Dienstanweisung an den Pfarrer mit den Unterschriften der Presbyter
Quelle: Landeskirchliches Archiv der EKvW in Bielefeld, Best. 2.2. Ortsakten 16438

Während ich in Raumland war, wurde ein neues Presbyterwahl-gesetz verabschiedet, wonach stets zwischen mehreren Kandidaten gewählt werden musste, was in den kleinen und traditionsbewussten Dörfern problematisch war. Wir haben es ignoriert und sind weiter wie bisher verfahren: Wenn nur so viele Kandidaten vorgeschlagen waren, wie benötigt wurden, galten sie ohne Wahl als gewählt.

Der erste Sohn

„Es hatte ein Mann zwei Söhne und ging zu dem ersten und sprach: Mein Sohn, gehe hin und arbeite heute im Weinberge. Er antwortete aber und sprach: Ja, Herr! und ging nicht hin." (Mt. 21,28).

Geh hin, sagt Gott zu uns: Liebe deinen Nächsten wie dich selbst; tue Gutes denen, die dich hassen; vergelte Böses mit Gutem; räche dich nicht selbst; glaube, daß ich dich lieb habe; vertraue mir auch im finsteren Tag; werfe alle Sorgen auf mich; hoffe auf mich im Leben und im Sterben.

Was antworten wir? Ja, Herr?!? Ich will es tun, wie du es befiehlst. Ich tue es gleich. Ich kann es ja tun. Du forderst nicht zuviel von mir. Du wirst deine Freude an mir haben. Ich bin ein gehorsamer Sohn. Deinen Willen tue ich gern und ganz.

So müßte man als frommer Mensch ja wohl sprechen.

Aber was kommt heraus, wenn wir so sprechen? Daß wir es nicht tun! Denn wer kann das tun: glauben, lieben, hoffen? Wir wissen doch alle, daß wir dazu zu schwach und zu sündig sind. Ist unser Glaube denn so fest, unsere Liebe so reich, unsere Hoffnung so stark, daß wir zu Gottes Willen sagen könnten: Ja, Herr!?

Ist es nicht vielmehr Hochmut, so zu sprechen? Ja, es ist Hochmut! Denn: Ja, Herr! sprach der erste Sohn, und ging nicht hin. Wie können wir ja sagen, da wir es doch nicht tun können!

Pfarrer Dr. Walter Schmithals, Raumland

Abschrift aus: „Westfälische Rundschau", Regionalausgabe Siegen/Wittgenstein „Sonntagsbetrachtung", 15./16.07.1961

Der zweite Sohn

„Der Herr ging zu dem anderen Sohn und sprach:
Mein Sohn, gehe hin und arbeite heute im Weinberge.
Er antwortete aber und sprach: Ich will's nicht tun.
Danach reute es ihn, und er ging hin." (Mt. 21,30).

Ist nicht in dem Handeln dieses Sohnes, der nein sagt zum Gebot seines Vaters, etwas Richtiges verborgen? Was sollen wir denn sagen zu Gottes Willen, unsere Feinde zu lieben, an Gottes Güte zu glauben, im Tode auf Gottes Liebe zu hoffen?

Müssen wir nicht nein sagen? Nein! Ich kann das nicht; ich bin zu schwach, meine Feinde zu lieben, Böses mit Gutem zu vergelten, die zu segnen, die mich verfluchen. Nein! Ich kann nicht angesichts der Ungerechtigkeit in der Welt, der Sinnlosigkeit des Schicksals, der Leiden unseres Lebens auf Gottes Güte vertrauen. Nein! Ich kann nicht inmitten der Sünde und des Todes an Gottes ewige Zukunft glauben. Das ist doch ehrlich gesprochen. So ist es doch. Wir sind zu schwach, Gottes Willen zu tun. Hier nützt kein falsches Selbstvertrauen.

Eben so aber sollen wir nun beginnen, Gottes Willen zu tun. Wir können es freilich nicht; wir sind zu schwach. Das haben wir Gott ehrlich gesagt. Also gehen wir an die Arbeit im Vertrauen auf Gottes Kraft. Er, der uns Großes befiehlt, muß es durch uns auch vollenden. Und seine Gnade muß unsere Schwachheiten zudecken.

Zu Gottes Willen können wir nur unser „unmöglich" sagen, um dann hinzugehen, seinen Willen zu tun.

Pfarrer Dr. Walter Schmithals, Raumland

Abschrift aus: „Westfälische Rundschau", Regionalausgabe Siegen/Wittgenstein „Sonntagsbetrachtung", 22.07.1961

Ich gedenke auch gern des Presbyters Alfred **Kunze**, des Posthalters in Raumland-Bahnhof. Seine Tochter Senta gehörte zu meinen ersten Konfirmanden, und sie sagte ihrem Vater: Jetzt musst du auch zum Gottesdienst kommen. Er wurde in der Tat ein besonders fleißiger Gottesdienstbesucher und dann auch treuer Presbyter. Seine Tochter Senta leitet heute (1998) die Frauenhilfe.

Senta Walle: Meine Eltern betrieben am Bahnhof eine Gastwirtschaft, die sie 1955 verpachteten. Erst dann war es meinem Vater[29] möglich, regelmäßig am Sonntag früh den Gottesdienst zu besuchen. Er war ein frommer Mann! Solange ich mich erinnern kann, lag auf seinem Nachttisch die Bibel.

---

[29] Der oben erwähnte Presbyter Alfred Kunze

4. Amtshandlungen und weitere Dienste

4.1 Die Gottesdienste

Der Gottesdienstbesuch war in der Zeit nach dem Krieg verhältnismäßig gut, und er hat sich in den zehn Jahren meiner Tätigkeit auch einigermaßen gehalten. In Raumland war sonntags regelmäßig um 10.00 Uhr Gottesdienst, anschließend Kindergottesdienst; in Rinthe und Hemschlar jeden Monat einmal um 8.30 Uhr Gottesdienst in der Schule, in Dotzlar alle 14 Tage abwechselnd um 8.30 und 14.00 Uhr in der Kapelle. Ich hatte also wöchentlich eine Predigt zu machen. Den Text für die Sonntagspredigt sah ich mir meist zu Beginn der Woche an und konzipierte die Predigt am Samstag nach dem Mittagsschlaf; dann rekapitulierte ich sie abends in der Badewanne, und durch den Frühgottesdienst konnte ich an den meisten Sonntagen die Predigt für den Hauptgottesdienst noch etwas korrigieren, auch in der Länge.

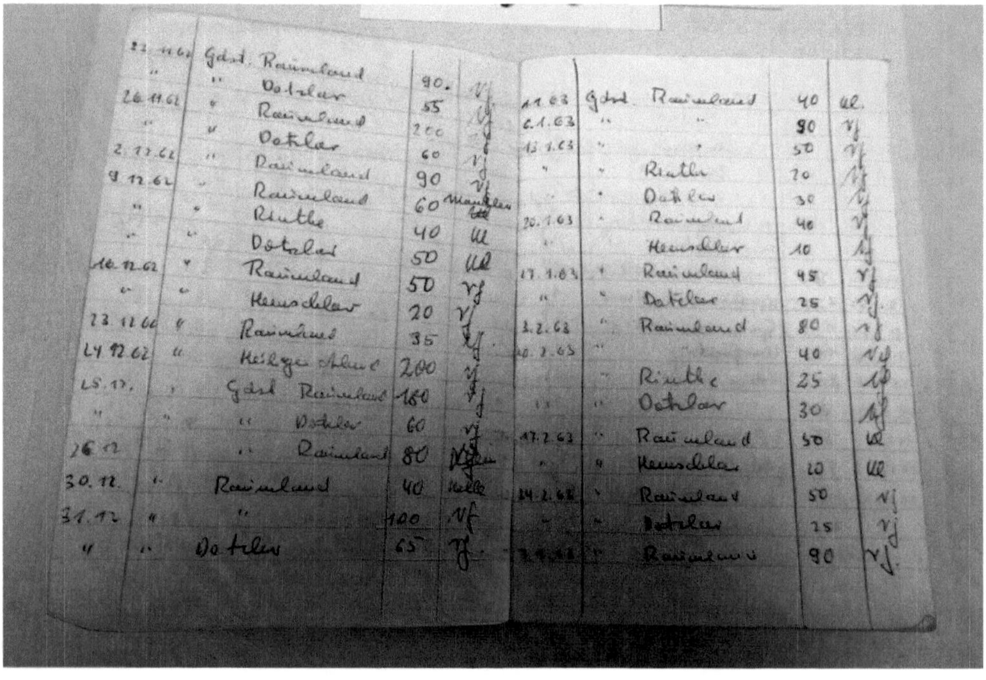

Abb. 18: Anzahl der Gottesdienstbesucher; handschriftliche Eintragungen von Walter Schmithals

Quelle: Archiv des Kirchenkreises Wittgenstein in Bad Berleburg, 392

Die leeren Kirchenbänke

„Lasset uns nicht verlassen unsere
gottesdienstliche Versammlung"
(Hebr. 10,25).

Dieses Wort steht im Neuen Testament. So ist also die Klage wegen der leeren Kirchen nichts Neues, und die Mahnung, die Kirchenbänke nicht leer zu lassen, war seit jeher nötig.

Warum denn diese Mahnung? Kann man nicht auch für sich allein Christ sein? Man kann Rechtes tun und niemand scheuen. Man kann Gottes Wort aus Bibel, Andachtsbuch oder Kalender zu seiner Erbauung lesen. Das Radio bringt uns den Gottesdienst ins Haus, sogar ans Bett. Warum da noch in die Kirche laufen! Das Kirchenlaufen macht doch nicht selig.

In der Tat! Das Kirchenlaufen macht keine Christen. Aber ein Christ geht in die Kirche. Er geht dorthin, wo die Gemeinde sich zu Gottes Lob und zum Hören seines Wortes versammelt. Er verläßt die Versammlungen der Gemeinde nicht. Er hat im Gotteshaus seinen Stammplatz, wo man ihn am Sonntagmorgen findet.

Denn man kann nicht für sich allein Christ sein. Gottes Wort und Geist beruft und sammelt nicht lauter einzelne Christen, sondern eine christliche Gemeinde. Man kann Christ nur in der Gemeinde sein, die zu allen Zeiten und in allen Ländern e i n e ist, e i n e m Herrn gehorsam, durch e i n Wort berufen, in e i n e r Liebe verbunden.

Daß man Christ ist, weil man zu dieser Gemeinde gehört, das bezeugt man, indem man sich mit der Gemeinde versammelt. Darum sollte unser Platz in der Versammlung dieser Gemeinde sonntags besetzt sein.

Pfarrer Dr. Walter S c h m i t h a l s
(Raumland)

Abschrift aus: „Westfälische Rundschau", Regionalausgabe Siegen/Wittgenstein „Sonntagsbetrachtung" vom 13.06.1959

Werner Posner: Walter Schmithals habe ich in guter Erinnerung. Er war bis kurz vor meiner Katechumenenzeit Pfarrer bei uns, und er hat bis heute einen guten Ruf bei den Leuten im Dorf. Als Kind bin ich bei ihm in den Kindergottesdienst gegangen, und als Jugendlicher habe ich ihn gelegentlich auch predigen gehört. Als Student und später als Pfarrer habe ich gern in seinen Büchern gelesen. Dass er mit seiner sonoren Stimme von der Kanzel herab frei sprach, hat mich damals sehr beeindruckt. Auf die Frage, wie er sich auf seine Predigten vorbereitet, soll er einmal gesagt haben: „Ich memoriere sie samstags in der Badewanne."

Er hatte die Gabe, der Gemeinde das Evangelium anschaulich nahezubringen. Eine Predigt erinnere ich besonders. Es ging um den Satz des Apostels Paulus: „Bin ich nicht frei?" Er erklärte uns christlich verstandene Freiheit mit dem Bild einer Fliege an einem Wasserglas. Sie könne sich im Glas befinden und darin gefangen sein, das sei Unfreiheit. Christliche Freiheit bestehe darin, sich außen am „Wasserglas" zu bewegen, d.h. gebunden an die Strukturen und Gesetze des Lebens und doch nicht darin gefangen zu sein. Darüber kann man ein Leben lang meditieren.

<u>Elke Franz:</u> Wir Konfirmanden hörten den interessanten Predigten unseres Pfarrers Schmithals gerne zu und kamen gerne zu den Gottesdiensten.

Abb. 19: Elke Franz: "Jesus Christus spricht: Ich bin das Licht der Welt", Ölgemälde, Privatbesitz

Licht der Welt

Ihr seid das Licht der Welt (Matth. 5, 14)

So redet Jesus seine Gemeinde an, so nennt Gott sein Volk auf Erden: Das Licht der Welt. Das ist also die Gemeinde Jesu Christi, wo sie rechte Gemeinde ist: Das Licht der Welt.

Sie ist dies nicht, weil sie es sein will, weil sie sich besonders stark fühlt, weil sie sich für ein Licht hält, weil sie meint, ohne sie ginge es nicht, weil sich in ihr besondere Leute versammeln, weil man viel von ihr hält.

Sie ist es allein deshalb, weil Gott sie dazu gemacht hat. Eine rechte Gemeinde Jesu Christi ist auch dann noch das Licht der Welt, wenn sie gar nicht daran denkt. Vielleicht ist sie es gerade, dann, wenn sie an sich selbst gar nichts Erhebendes zu entdecken vermag.

Denn daß sie das Licht der Welt ist, heißt, daß sie von sich wegweist zu dem hin, von dem sie lebt; daß sie ein Zeichen ist für das Ewige über aller Zeit; für das Jenseitige aller Vergänglichkeit; für die Tiefe hinter aller Oberflächlichkeit; für den Grund, der alles trägt; für das Licht inmitten der Finsternis.

Sie hat kein Licht, aber sie ist vom Licht getroffen. Darum ist sie das Licht der Welt.

Dr. Walter Schmithals, Raumland.

Abschrift aus: „Westfälische Rundschau", Regionalausgabe Siegen/Wittgenstein „Sonntagsbetrachtung", Erscheinungsdatum unbekannt

<u>Edgar Born</u>: An eine Begegnung in Dotzlar 1980, als ich im Gottesdienst als Organist ausgeholfen habe, erinnere ich mich besonders gut: Mich hat beeindruckt, wie gelassen und zugleich den Menschen zugewandt Walter Schmithals war. Vor dem Gottesdienst trafen sich die Presbyter im Hause Kloos mit dem Pfarrer und Organisten. Ich sehe noch seinen langen Talar über der Tür hängen. Walter Schmithals saß ganz entspannt da und unterhielt sich mit uns über ganz alltägliche Dinge. Er fragte nach den Familien und dem Dorfleben – auch nach meinem Studium ohne einen prüfend-belehrenden Unterton. Er strahlte dabei so viel wohltuende Nähe, Offenheit und Freundlichkeit aus. Im Gottesdienst fiel mir seine „liturgische Präsenz" auf,

seine einfache wie präzise Sprache. Keine falsche Feierlichkeit kam auf. Alles wirkte sehr natürlich. Soweit ich mich erinnern kann, predigte er über einen Psalm. Theologische Einsichten wusste er mit den menschlichen Belangen unaufgesetzt, schlüssig und kurzweilig zu verbinden. Man konnte ihm gut zuhören. Die Gebete sprach er frei – auch die Predigt. Viele Zettel jedenfalls habe ich nicht gesehen. Er hatte nur seine Bibel dabei. Nach dem Gottesdienst ging er zu seinem Wagen und nahm sein damals gerade erschienenes Buch „Die theologische Anthropologie des Paulus"[30] heraus und schenkte es mir. In seiner uneitlen Art hat er keine Widmung reingeschrieben. Allerdings habe ich in meiner Begeisterung „Von Prof. Schmithals zum 11. Mai 1980 gewidmet" vorne im Buch notiert.

Abb. 20: Ein Sonntag im Frühjahr 1956 im Pfarrhof: Walter Schmithals auf dem Weg in die Kirche; in der Hand Bücher und die Schale mit dem Brot für das Abendmahl; außerdem die beiden ältesten Töchter Gesine und Elisabeth (Kinderwagen).
Quelle: privates Fotoalbum Familie Schmithals

---

[30] Walter Schmithals: Die theologische Anthropologie des Paulus, Kohlhammer Taschenbücher 1021, 1980

<u>Visitationsbericht über Raumland</u>

(ohne Berghausen)

1. Verkündigung

a) Predigt:

Pastor Schmithals hatte keine Predigt eingereicht; nur kurze Andachten
die in einer Zeitschrift erschienen, lagen bei. Der Pastor Schmithals predigt frei. Die Predigt wurde vom Visitator Schmit gehört. Sie
war sehr gut, lebendig, auf die Gemeinde hingezielt. Man wusste sich
angesprochen. Andachten wir Predigt zeigen grosse Eigenständigkeit
und Orginalität. Frische Form. Die Predigt war eine in einer fort-
laufenden Reihe über Jakobus-Texte. Evangelium!

b) Gottesdienst:

Pastor Schmithals hält den Gottesdienst nach keiner Agende sondern
frei. - Gottesdienst wird nach der Agende gehalten, nur die Gebete
werden von Br. Schmithals (vorher schriftlich) formuliert, wesentlich
offenbar jeweils von der Predigt her.

b) Kindergottesdienst:

Beim Kindergottesdienst helfen Helfer, die in Besprechungen der Ges.-
Verbands-Texte vorbereitet werden.

2. Unterricht

Über die Höllenfahrt Jesu. Ausgezeichnete, anschauliche Bearbeitung
des Gegenstandes, mit der Zeichnung an der Tafel. Gut vorbereitet,
nichts Unnötiges, straff, gute Disziplin, Die Kinder waren gut bei
der Sache.

3. Seelsorge

Es waren im vergangenen Jahre etwa 300 Hausbesuche gemacht worden.
Kranke werden laufend besucht. Seelsorgerliche Arbeit sehr schwierig,
überdeckt von konventionellem Verständnis seitens der Gemeindeglieder.

4. Gemeindeleitung

a) Presbyterium:

Es versammelt sich vor dem Gottesdienst zum Gebet im Studierzimmer
des Pfarrers, der Pfarrer betet allein. Gute Zusammenarbeit mit dem
Pfarrer.

b) Gemeindebeirat:

Ein Gemeindebeirat besteht, kommt aber nicht zusammen. Die Mitarbeiter
besprechung war lebhaft.

5. Kirchliche Ordnung:

a) Trauung:

Die Trauungen finden in der Kirche statt. Traugespräche werden geführt

b) Taufe:

Die Gemeinde ist schwer daran zu gewöhnen, die Taufe im Gottesdienst
stattfinden zu lassen. Es muss noch mehr darauf hingearbeitet werden,
dass die Taufen im Gottesdienst der Gemeinde stattfinden.

- 6 -

Abb. 21: Aus dem Visitationsbericht der Synodalvisitation vom 22.05.-1.06.1954 in
Raumland.
Quelle: Landeskirchliches Archiv der EKvW in Bielefeld, Best. 2.2. Ortsakten 1848

Abschrift aus: „Westfälische Rundschau", Regionalausgabe Siegen/Wittgenstein „Sonntagsbetrachtung" vom 03.08.1963

4.2 Der Kindergottesdienst

Die ledigen Geschwister Katharina und Erna Treude, die aus Hemschlar stammten und 'am Bahnhof' wohnten und ihr Geld mit der Schneiderei verdienten, hatten während der Vakanz den Kindergottesdienst am Leben gehalten, und leiteten auch den Mädchenkreis. Tante Erna streng, Tante Kathrinchen, wie Katharina Treude genannt wurde, mütterlicher und toleranter. Ihre Arbeit in Mädchenkreis und Kindergottesdienst musste ich übernehmen, wobei sie mir noch längere Zeit zur Hand gingen, Tante Erna manchmal auch etwas störrisch und störend. Sie hingen sehr an unseren Kindern, die wir ihnen auch gelegentlich anvertrauen durften. Kathrin[31] verdankt ihren Namen Tante Kathrinchen. Beide blieben mit uns auch noch nach Berlin bis zu ihrem Tod in Verbindung.

Abb. 22: Die Schwestern Erna und Katharina Treude 1960
Auf der Rückseite hatte „Tante Kathrinchen" einen Weihnachtsgruß an die damals vier Schmithals-Kinder geschrieben: **„Zum Weihnachtsfest 1960 schicken wir Euch dies Bildchen, damit Ihr uns nicht ganz vergeßt! Wir wünschen Euch, daß Ihr so schön bleibt wie die 3 Blumen auf dem Bild, die zu Gottes Ehren blühen. Euren Eltern und Euch Vieren ein frohes Weihnachtsfest wünschend grüßen herzlichst Tante Kathrinchen u. Erna"**
Quelle: privates Fotoalbum Familie Schmithals

Als ich an einem Weihnachtsfest im Kindergottesdienst einmal die Geschichte von den Weisen aus dem Morgenland erzählte und andeutete, dass die Bibel keine Zahl nennt und es vielleicht nur zwei gewesen sein könnten, sagte unsere Elisabeth[32]: „Natürlich zwei; einer war ja schwarz".

Auf die Frage, was eine Epistel sei, antwortete eine Konfirmandin: „Die Frau eines Apostels".

---

[31] Kathrin: die vierte Tochter von Marlene und Walter Schmithals
[32] Elisabeth: die zweite Tochter von Marlene und Walter Schmithals

Im Kindergottesdienst erzählte ich einmal die Geschichte von Maria und Marta, auch ich lobte beide sehr in dem, was sie taten. Dann frug ich die Kinder, um ein Gespräch in Gang zu bringen, was sie denn hätten tun sollen. Ein gewitztes Mädchen, Elke Lückel, später verheiratet mit Hermann Franz aus Haus Grebe und auch Presbyterin, zerstörte mit ihrer Antwort meine kunstvoll angelegte Katechese: „Sie hätten Jesus mit in die Küche nehmen sollen".

Abb. 23: Raumländer Kinder in der Kirche 1961
In der ersten Bank sitzen v.l.n.r.: Gesine Schmithals, Sabine K., Traudel Posner, Elisabeth Schmithals, Werner Posner, Horst H. In der hinteren Bank linke Seite: Erna Treude
Quelle: Gemeindebüro der Kirchengemeinde Raumland

Elke Franz: Einmal war Walter Schmithals mit Studenten in Raumland. Er berichtete ihnen, wie er damals im Kindergottesdienst ausführlich die Geschichte von Marta und Maria erzählte. Und wie er die Kinder schließlich fragte, wie sie sich verhalten hätten: eher wie Maria oder eher wie Marta. Ein Mädchen hätte ihm daraufhin sein Lehrkonzept durcheinandergebracht, indem es sagte: „Ich hätte Jesus mit in die Küche genommen!" Dieses Mädchen war ich!

Abb. 24: Kindergottesdienstfest auf dem Hof Rinthersbach, Jahr unbekannt;
links im Bild: Walter Schmithals, ganz rechts: Erna Treude
Quelle: Privatbesitz Senta Walle

Pfarrer Schmithals hat immer einen großen Eindruck auf uns ge-macht. Er hat uns begeistert – im Kindergottesdienst, im Mädchen-kreis, mit den vielen Krippenspielen und anderen Laienspielen. Es gab jedes Jahr ein neues. Er hat Gedichte geschrieben, wir haben zum Reformationsfest etwas aufgeführt. Es gab Kindergottesdienstfeste auf dem Hof Rinthersbach. Es gibt schöne Geschichten mit ihm: Zum Bei-spiel erinnere ich mich, wie ich zum Einkaufen zum Gasthof Althaus ging. Es waren mehrere Mädchen, wir hatten Schürzen an und spiel-ten auf dem Rückweg Kriegen um einen Baum herum. Ein Mädchen hatte Eier eingekauft und die lagen lose in Ihrer Schürze. Beim Spielen stieß sie an den Baum und alle Eier gingen kaputt. Pfarrer Schmithals kam zufällig vorbei und ließ sich erzählen, was passiert war. Er nahm das Mädchen an die Hand, ging mit ihr zu Althaus und kaufte neue Eier, mit denen das Mädchen nun nach Hause gehen konnte, ohne Angst haben zu müssen, Ärger zu bekommen.

Abb. 25: Adventsfeier der Kinder 1962
Quelle: Gemeindebüro der Kirchengemeinde Raumland

Tag der Freude

„Dies ist der Tag, den der Herr macht; lasset uns freuen und fröhlich darinnen sein" (Ps. 118,24)

Welcher Tag ist es, den Gott für uns macht, damit wir uns freuen und fröhlich darinnen sind? Ist er schon gewesen? Oder kommt er noch?

Jeder von uns kennt Tage seines Lebens, auf die unser Wort zutrifft. Jeder von uns erhofft sich von der Zukunft Tage, die im Lichte dieses Wortes stehen. Aber zwischen den vergangenen und den zukünftigen Tagen liegt dieser Tag, liegt heute, liegt jeder Tag, an dem wir „heute" sagen können.

Darauf kommt es an, daß wir jedes „Heute" verstehen als einen der Tage, die Gott uns schenkt, damit wir uns freuen und fröhlich darinnen sind. Wir dürfen es, denn jeder Tag ist ein Tag seiner Gnade; jeder Tag steht unter seiner Verheißung; an jedem Tag ist er bei uns.

Das ist nämlich der Grund zu aller Freude, daß die Tage des Glücks und des Unglücks, der Gesundheit und der Krankheit, der Zufriedenheit und des Aergers, des Lebens und des Sterbens, daß alle Tage Gottes Tage sind, an denen er bei uns ist.

Darum braucht kein Tag ohne Freude zu sein.

Pfarrer Dr. Walter Schmithals, Raumland

Abschrift aus: „Westfälische Rundschau", Regionalausgabe Siegen/Wittgenstein „Sonntagsbetrachtung", 19./20.05.1962

4.3 Taufe

Bezüglich der Taufen gab es insofern Probleme, als früher Haustaufen üblich gewesen waren, und ich nur mit Mühe die Taufe in den Gottesdienst verlegen konnte. Als ein Grund für die alte Sitte wurde angegeben, dass man, fand die Taufe im Gottesdienst statt, die Taufgesellschaft auch mittags verköstigen musste.

Die meisten Kinder kamen im Haus zur Welt, und die Hebammen, Tante Lenchen (Böhl) aus Berghausen und Frau Dreisbach aus Rinthe (sie lebt heute noch – 1998), pflegten die Kinder nach alter Sitte über das Taufbecken zu halten.

In der Adventszeit 1953 fuhr ich mit Tante Kathrinchen auf dem Soziussitz des Motorrades vom Krankenhaus Berleburg nach Raumland zurück und wurde am Ortsausgang Berleburg von einem Polizisten gestoppt; das Rücklicht brannte nicht, und ich erhielt eine kostenpflichtige Verwarnung. Am Sonntag darauf hatte ich in Hemschlar eine Taufe; der Polizist war Pate. Hätte er gewusst, dass ich der Raumländer Pfarrer sei, hätte er mich nicht verwarnt! Ich musste ihn beruhigen; er habe nur seine Pflicht getan.

Abb. 26: Hebamme Tante Lenchen mit Kathrin Schmithals 1960
Quelle: privates Fotoalbum Fam. Schmithals

<u>Marlene Schmithals:</u> Wenn bei uns eine Taufe anstand, war es mein Anliegen, dass das Kind gemeinsam mit einem weiteren Kind aus dem Dorf getauft wurde. Zum Beispiel Elisabeth: sie wurde mit zusammen mit Traudel Posner getauft, Barbara mit Ulrich Posner.

Der Grund der gemeinsamen Taufgottesdienste war, dass die Taufe andernfalls wie eine Privatveranstaltung hätte wirken können: Der Pfarrer, der gleichzeitig der Vater ist, seine Frau und einige Verwandte als Paten stehen am Taufbecken. Da aber immer eine weitere Familie ebenfalls dort stand, war die offizielle Handlung deutlich, um die es ging: Die Kinder wurden in die Gemeinde aufgenommen.

Abb. 27: Taufschale (links) und Abendmahlsgeschirr der Pfarrkirche in Raumland aus dem 17. und 18. Jahrhundert.
Quelle: Gemeindebüro der Kirchengemeinde Raumland

Johannes der Täufer

"Es kommt ein Stärkerer als ich, und ich bin nicht genug, daß ich ihm die Riemen seiner Schuhe auflöse" (Lk 3,16)

Johannes der Täufer, der das obenstehende Wort sagte, gehört in die Adventszeit hinein. Denn die Adventszeit ist eine Zeit der Erwartung, der Hoffnung und der Verheißung. So ist Johannes der Täufer jene Gestalt, die in besonderer Weise auf den erwarteten, verheißenen und erhofften Heiland der Welt hinweist.

Johannes war eine der bedeutenden Gestalten seiner Zeit. Nicht nur die Bibel, auch jüdische und heidnische Schriftsteller berichten von ihm. D a s war seine Bedeutung, daß er von sich fort wies. Sonst pflegen die großen und bekannten Menschen dieser Welt auf sich selbst zu verweisen, an sich selbst zu binden, für sich selbst Ehre zu suchen.

Johannes verweist auf den kommenden Herrn; er möchte die Menschen an Jesus Christus binden; er sucht Gottes Ehre. Wir sind in dieser Adventszeit eingeladen, seinem ausgestreckten Arm zu folgen und dahin unterwegs zu bleiben, wo dieser Arm uns hinweist: zu Jesus Christus.

Wir sind aber auch gefragt, ob wir nicht wie Johannes Wegweiser sein wollen. Ob wir nicht, statt uns in den Vordergrund zu spielen, statt Menschen an uns zu binden, statt unsere Ehre zu suchen, mit unserem ganzen Tun und Lassen ein lebendiger Hinweis auf den sein wollen, der unser Heil ist, weil er in einem Stall geboren wurde und am Kreuz starb.

Pfarrer Dr. Walter Schmithals, Raumland

Abschrift aus: „Westfälische Rundschau", Regionalausgabe Siegen/Wittgenstein „Sonntagsbetrachtung" vom 03.12.1960

Edgar Born: Getauft wurde ich von Walter Schmithals, und er hat meinen Taufspruch im Stammbuch vermerkt. Das ist nicht selbstverständlich. Ich habe ihn dadurch immer wieder gelesen und er hat mir immer wieder Mut gemacht und neue Kraft gegeben – gerade in schweren Augenblicken. Der Taufspruch lautet: „Der Herr wird meine Sache hinausführen. Herr, deine Güte ist ewig. Das Werk deiner Hände wollest du nicht lassen". (Psalm 138,8)

4.4 Konfirmandenunterricht und Konfirmation

Der Konfirmandenunterricht lag mir am wenigsten. Mangels moderner Ideen unterrichtete ich ähnlich, wie ich von Pastor Demandt[33] unterrichtet worden war. Ich orientierte mich am Heidelberger Katechismus und ließ viel auswendig lernen. Die Konfirmandenprüfung war demzufolge noch eine echte Lernprüfung. Der Unterricht war also altmodisch, und ich würde ihn heute in dieser Form kaum noch halten bzw. halten können. Aber ich hatte keine nennenswerten Disziplinschwierigkeiten. Und durch das Auswendiglernen konnten auch im Übrigen schwache Kinder ihre Leistung erbringen.

Wer versagt eigentlich?

„Wir predigen nicht uns selbst, sondern Jesus Christus" (2. Kor. 4,5).

Man kann es oft hören: Die Kirche hat versagt; die Christen haben versagt; die Pfarrer haben versagt. Viele sagen so. Fast 2000 Jahre haben die Christen Zeit gehabt, der Welt wahren Frieden, bessere Gerechtigkeit, herzlichen Trost zu bringen. Sie haben versagt.

Geben wir es zu: Wir haben versagt. Wir sind sehr schwach gewesen. Wir lieben zu wenig; wir sind zu kleingläubig; wir halten keinen Frieden. Unsere Hoffnung ist klein; unsere Ungerechtigkeit ist groß; unser Vorbild ist schlecht. Niemand sollte es nötig haben, uns an unser Versagen zu erinnern. Wir müßten selbst immer schrecklich darum wissen.

Wir haben versagt. Aber hat deshalb auch schon Gott versagt? Wir predigen ja nicht uns selbst. Würden wir das tun, dann wäre freilich alles finster; denn unser Versagen ist zu groß. Aber wir predigen Jesus Christus. Hat auch er versagt?

Verwechseln wir doch nicht das Versagen der Christen mit dem Versagen Jesus Christus! Schimpfen wir doch nicht über Christus, weil wir so sehr über die Christen schimpfen müssen! Werfen wir unseren Glauben nicht weg, weil die Christen so kleingläubig sind! Trauen wir doch Gott noch etwas zu, auch wo wir uns selbst nicht mehr viel zutrauen können!

Schämen wir uns unseres Versagens, aber bekennen wir um so stärker Gottes Liebe, Gottes Friede und Gottes Gerechtigkeit.

Pfarrer Dr. Walter Schmithals, Raumland

Abschrift aus: „Westfälische Rundschau", Regionalausgabe Siegen/Wittgenstein „Sonntagsbetrachtung" vom 01.05.1959

---

[33] Pastor Demandt (1876–1957) Pfarrer in Freudenberg

Senta Walle: Wir waren der erste Konfirmationsjahrgang von Walter Schmithals. In diesem Zusammenhang erinnere ich mich an folgende Begebenheit: Zu meiner Konfirmationsfeier zu Hause sollte es Wein geben. Ich war sehr unsicher, ob das erlaubt ist. Also habe ich Pfarrer Schmithals gefragt. Nun, er hat selber gerne Wein getrunken und meinte, dass Jesus ja schließlich auch Wein trank und dass das deswegen wohl auch auf einer Konfirmationsfeier erlaubt ist.

Walter Schmithals hat mich geprägt im Glauben. Ich habe gerne in der Bibel gelesen und tue es auch heute noch. Ich kann sagen, dass ich einen gefestigten Glauben habe. Ich habe später viele Jahre lang die Raumländer Frauenhilfe geleitet.

Abb. 28: Konfirmationsjahrgang 1954, vor der Kirche fotografiert im Jahr 1953
Quelle: Privatbesitz Senta Walle

Ev. Ref. Kirchengemeinde

Raumland, Kr. Wittgenstein   Raumland, den 29. März 1954

   Ruf 384 Berleburg

Liebe Eltern und Erzieher!
Liebe Paten!

Das Presbyterium unserer Gemeinde macht sich angesichts der Konfirmation Eurer Kinder mit Euch Gedanken um die rechte Form dieser Feier. Bedenkt, dass es bei der Konfirmation nicht um ein Handeln unter Menschen, sondern um ein Handeln Gottes mit uns Menschen geht. In der Stunde der Konfirmation denken wir dankbar daran, dass unsere Kinder durch Gottes Gnade in der Botschaft d e s Heiles unterwiesen werden durften, das Gott ihnen schon in der Taufe anbot. Sie wissen nun und sollen vor der Gemeinde bezeugen, was der einzige Trost im Leben und im Sterben ist.

Tragt dafür Sorge, dass dieser Sinn der Konfirmation nicht in den häuslichen Feiern verdunkelt wird. Angesichts der Gabe Gottes, vor dem wir stets mit leeren Händen als Bettler stehen, tut uns bei unseren Feiern Bescheidenheit not. Dazu ist manches Gute in dem beiliegenden Heft gesagt, das für die Kinder bestimmt ist, das aber auch Ihr lesen solltet.

Wer seinen Kindern etwas schenken möchte, möge das im Blick auf die Gaben Gottes tun. Bibel und Gesangbuch in gutem Einband sind darum die passendsten Geschenke für diese Stunde; Geschenke, die das ganze Leben Bestand haben und die allen anderen Geschenken vorausgehen sollten. Vielleicht erinnern sich die Paten hier ihrer Patenpflicht. Wer darüber hinaus ein Buch von bleibendem Wert für sein Kind sucht, wird in dem beiliegenden Prospekt etwas passendes finden.

Bedenkt miteinander, dass mit der Konfirmation Eurer Kinder und Patenkinder nicht Eure Aufgabe endet, diese Kinder weiterhin durch Wort, Gebet und Vorbild auf den Weg des Heils zu geleiten, wie Ihr in der Taufe versprochen habt. Besucht mit ihnen vor allem fleissig die Gottesdienste der Gemeinde. Haltet sie zu stetigem Besuch der Christenlehre an. Nur wer durch deren regelmäßigen Besuch zeigt, dass er selbst auf Gottes Wort hört, bekommt das Recht, andere als Paten zu solchem Hören zu führen.

60

Die Jugendkreise laden Eure Kinder herzlich ein, an ihrer Gemeinschaft unter dem Wort Gottes teilzunehmen. Überlegt bitte auch, ob Ihr die beiliegende Zeitschrift, die monatlich erscheint, nicht für Eure Kinder bestellen könnt. Die Raumländer Eltern werden von unserem Jungmännerkreis noch besonders danach gefragt werden, da der Sammelbezug billiger ist.

Die Konfirmationssprüche werden gerahmt. Die dabei entstehenden Kosten von 2.50 DM für jedes Bild trägt die Gemeinde in den Fällen, in denen es den Eltern schwer fällt, diese Unkosten zu bezahlen. Wer die 2.50 DM ohne grosse Schwierigkeiten aufbringen kann, gebe sie den Kindern zu der letzten Zusammenkunft vor der Konfirmation mit.

Manche Eltern und Konfirmanden werden sich Gedanken über den Gang zum Heiligen Abendmahl machen. Eigentlich müsste jeder das tun. Man sollte keinesfalls an der Abendmahlsfeier aus Tradition teilnehmen oder „weil alle es tun". Wer sich aber, wie unser Katechismus in Frage 81 sagt, selbst um seiner Sünden willen missfällt und begehrt, je mehr und mehr seinen Glauben zu stärken und sein Leben zu bessern, der ist herzlich zur Feier des Heiligen Abendmahles eingeladen; denn an seinem Tisch bietet uns unser Herr wie in der Predigt und in der Taufe seine Gnade an, damit wir sie im Glauben ergreifen. Am Gründonnerstag wird abends um 2o.oo Uhr in der Kirche in Raumland ein Abendmahlsgottesdienst sein, zu dem besonders die Konfirmanden und ihre Angehörigen eingeladen sind.

Wir können aber nicht Gottes Gaben empfangen, ohne an die zu gedenken, deren Not Gott uns zu Füssen legt. Darum werden vom Tage der Prüfung bis zum Osterfest zu den Gottesdienstzeiten Körbe an der Kirchentüre in Raumland stehen, in die man Lebensmittel und Kleidung für unsere Patengemeinden in der Ostzone legen möge. Gebrauchte, aber noch brauchbare Kleidung und Schuhe, besonders für Kinder, machen drüben stets grosse Freude. Seid auch nicht unwillig, wenn in der ersten Aprilwoche die Sammler der diesjährigen Ostersammlung für die Innere Mission und das Evangelische Hilfswerk an Eure Türe klopfen.

Es grüßt Euch in herzlicher Verbundenheit
Euer Presbyterium

Abschrift eines Briefes des Presbyteriums an die Eltern des ersten Konfirmandenjahrgangs 1954. Die Rechtschreibung wurde unverändert übernommen.
Quelle: Archiv des Ev. Kirchenkreises Wittgenstein in Bad Berleburg, 374

<u>Gerda Hackenbracht:</u> Ich habe immer an meinen Konfirmationsspruch gedacht: Josua 1, 5+6: „Ich will dich nicht verlassen. Sei unverzagt." Und wirklich, er hat mich nicht verlassen! Es ist immer gut gegangen, bis jetzt.

Ich war oft krank in den letzten Jahrzehnten. Das fing mit dem Kaiserschnitt bei der Geburt meiner jüngsten Tochter an. Die Gebärmutter wuchs in der Folge mit der Blase zusammen. Das verursachte riesige Schmerzen und sie musste gelöst werden. Es blieb aber ein Loch in der Blase und das Wasser lief nur so aus mir heraus. Der Arzt sagte, eventuell wächst es von allein zu. Und das tat es. Und so ging es immer weiter: 1985 hatte ich Gallensteine und kurze Zeit nach der Gallenoperation wieder Schmerzen ohne Ende. Der Arzt dachte, es sei wieder die Galle, aber es war der Blinddarm. Und dann war er geplatzt und im Krankenhaus haben sie im gesamten Bauchraum jedes Stückchen Darm hochgehoben und abgewaschen. Aber ich habe mich wieder an den Konfirmationsspruch gehalten und den Mut nicht verloren und bin gesund geworden. Dann Knötchen in der Brust, jetzt die Nieren .... Hoffentlich verliere ich meine Nierentätigkeit nicht!

Ich gehe immer noch in den Gottesdienst. Dort fragt mich keiner, ob ich etwas gelernt habe oder wie ich aussehe. Gott nimmt mich so, wie ich bin.

Zu unserer 40. Konfirmationsfeier[34] waren Walter und Marlene Schmithals da, aber zum 50. Jubiläum nicht. Walter Schmithals schrieb, dass er wegen seiner Augen nicht mehr eine so lange Strecke fahren kann. Ich habe ihm regelmäßig zum Geburtstag geschrieben, er hat dann immer zurückgeschrieben. Als er 70 Jahre wurde, hat er mir ein Gedicht zum siebzigsten Geburtstag aufgeschrieben, das hatte ihm wohl jemand geschenkt. Auch zu seinem 80. Geburtstag hatte ich ihm geschrieben. Seine Briefe endeten in den letzten Jahren mit „Dein alter Pfarrer" und das war doppeldeutig, denn er war mein alter Pfarrer, aber er war auch alt geworden.

---

[34] Der Jubiläumsgottesdienst wurde am 05.04.1998 gefeiert. Die Predigt hielt Walter Schmithals; sie findet sich im Anhang dieses Buches, Seite 183.

Mir ist noch eingefallen, dass wir in der Zeit, als wir in den Pfarrunterricht gingen, sonntags auch zum Gottesdienst gingen. Da hat uns Pfarrer Schmithals gesagt, wenn wir nicht wissen, was wir am Anfang des Gottesdienstes beten sollen, dass die erste Strophe von dem Lied 197 („Herr, öffne mir die Herzenstür") ein schönes Gebet dafür ist. Das habe ich bis heute beibehalten.

Ein köstlich Ding

Es ist ein köstlich Ding, geduldig sein
und auf die Hilfe des Herrn hoffen.
(Klagelieder 3,26)

Das ist eines der biblischen Worte, die man leicht zerredet, ihrer Kraft und ihres Trostes beraubt, wenn man viele Worte darüber macht. Über das, was dieses Wort meint, kann man nicht viel reden; man muß es tun.

Wer tut, was dieses Wort ihm anbietet, der erkennt seine eigene Ohnmacht. Er weiß, wie wenig er sein Leben, seine Gesundheit, seine Kraft in seinen Händen hat. Er weiß, wie wenig er in der Lage ist, sicher und unfehlbar zu bestimmen, was gut und was schlecht für ihn ist. Er weiß, wie wenig er über seine Zukunft verfügt, was für Pläne auch immer er macht. Er weiß, wie wenig er mit seinem Sorgen und Wollen, seinem Rennen und Jagen auszurichten vermag.

Er sieht sich aber mit all seiner Ohnmacht liegen in den Händen des allmächtigen Gottes. Er wartet in seiner Ausweglosigkeit auf den, der überall seinen Weg mit uns geht. Er tröstet sich dessen, daß auch unsere Lasten noch aus der Hand unseres gnädigen Gottes kommen. Er hofft in Geduld auf den, der nicht nur über unsere Zukunft Macht hat, sondern selber unsere Zukunft ist.

Das zu tun, ist ein köstlich Ding.

Pfarrer Dr. Walter S c h m i t h a l s , Raumland

Abschrift aus: „Westfälische Rundschau", Regionalausgabe Siegen/Wittgenstein „Sonntagsbetrachtung" vom 14. 01.1961

<u>Heidi Fischer:</u> Der damalige Pfarrer Schmithals hat meinen Konfirmationsspruch ausgesucht: Römer 1,16: „Ich schäme mich des Evangeliums von Christus nicht; denn es ist eine Kraft Gottes, die da selig macht alle, die daran glauben." Ich glaube, dass der Spruch gut zu mir passte und immer noch passt, da ich mich ja als eher schüchternes Mädchen empfand. Bis zur Konfirmation im Jahre 1957 haben wir Mädchen die Jungschar besucht. Nach der Konfirmation nahmen wir am Jungmädchenkreis teil.

In 2007 hatte unser Konfirmationsjahrgang Goldene Konfirmation. Walter Schmithals hatte uns dazu einen netten Brief geschrieben, den uns Pfarrer Dr. Spornhauer[35] vorlas.

Wer ist ER?

„Ich bin der gute Hirte" (Joh. 10,11)

Wer ist Jesus Christus? Diese Frage ist nicht nur eine Frage im Raum der christlichen Kirche, eine Frage des Glaubens. Wer Jesus Christus sei, würde die Welt auch dann noch fragen, wenn es keinen Glauben an ihn mehr gäbe. Auch dann nämlich könnte die Welt nicht ungeschehen machen, daß er ihr Angesicht entscheidend geprägt hat.

Aber könnte man dann auch noch die Antwort verstehen, die er selbst auf diese Frage nach ihm gibt? Die Antwort lautet: Ich bin der gute Hirte. In dieser Antwort steht, daß die Frage nach Jesus Christus zugleich die Frage nach uns selbst ist. Denn wo ein Hirte ist, da sind auch Schafe. Wo Jesus Christus ist, da sind auch wir. Nach ihm fragen bedeutet, auch nach uns fragen. Fragen, wer er sei, heißt fragen, wer wir sind. In der Entscheidung über Jesus Christus wird über uns selbst entschieden.

Das sollte jeder wissen, der nach Jesus Christus fragt. Mit solcher Frage stellt er sich selbst in Frage, setzt er sich selbst aufs Spiel. Wer das nicht möchte, wer nach Jesus Christus fragt, ohne dabei sich selbst einzusetzen, mag viele Antworten auf seine Frage bekommen, wer Jesus Christus sei. Die Antwort, die Jesus Christus selbst gibt, ist nicht darunter.

Auf diese Antwort aber kommt es an.

Pfarrer Dr. Walter Schmithals, Raumland

Abschrift aus: „Westfälische Rundschau", Regionalausgabe Siegen/Wittgenstein „Sonntagsbetrachtung" vom 12.05.1962

---

[35] Pfarrer in Raumland seit 2001

Abb. 29: Konfirmation 1955 in Raumland

Abb. 30: Der letzte Konfirmandenjahrgang von Walter Schmithals 1963 in Raumland

Quelle Abb. 29 und 30: Gemeindebüro der Kirchengemeinde Raumland

Gott hat recht

„…auf daß Du recht behaltest" (Ps. 51,6)

Wer sich mit Gott einläßt, tut gut daran, zu bedenken, daß er sich mit dem einläßt, der gegenüber uns Menschen unter allen Umständen und in allen Fällen recht behalten will und recht behalten wird.

Der Mensch, der Gott auf Tausend nicht eins antworten kann, wäre schlecht beraten, wollte er sich mit Gott einlassen unter der Voraussetzung, er könne Gott jemals zur Rechenschaft ziehen, ihm Ungerechtigkeit vorhalten, mit ihm hadern, von ihm fordern, ihn unter Druck setzen. Wer sich mit Gott einläßt, muß Gott von vornherein ohne Einschränkung recht geben. Er muß bereit sein, Gottes Willen unbedingt geschehen zu lassen, wie ungerecht er auch erscheinen möchte. Er muß Gott dennoch recht geben.

Wollten wir uns anders mit Gott einlassen, ließen wir uns nicht mehr mit Gott ein. Denn was wäre das für ein Gott, der sich vor unserem Urteil zu verantworten hätte? Mit dem wir rechten können, als seien wir seine Richter? Weil Gott wirklich Gott ist, behält er recht. Wer nicht bereit ist, vor Gott auf alles Recht und auf alles Rechten zu verzichten, hat Gott selbst verloren.

Nur unsere Götzen können wir zur Rechenschaft ziehen

Pfarrer Dr. Walter S c h m i t h a l s , Raumland

Abschrift aus: „Westfälische Rundschau", Regionalausgabe Siegen/Wittgenstein „Sonntagsbetrachtung" vom 04.02.1961

<u>Elke Franz:</u> Wir waren der vorletzte Jahrgang, den Pfarrer Schmithals konfirmiert hat, und alle waren sehr traurig, als er wegging. Im Unterricht mussten wir vieles auswendig lernen, Lieder, Fragen aus dem Heidelberger Katechismus, Bibelverse. Heute im Alter freut man sich, wenn man das alles noch auswendig kann. Wer wollte, durfte sich seinen Konfirmationsspruch selbst aussuchen. Nach der Konfirmation konnten wir in den Mädchenkreis gehen. Das 30jährige Konfirmationsjubiläum wollte Walter Schmithals mit uns zusammen in Raumland feiern. Leider erkrankte er plötzlich und konnte nicht kommen. Die Predigt hat er uns später noch geschickt.[36]

---

[36] Die Predigt findet sich am Schluss des Buches im Anhang, Seite 175

An Herrn Prof.
Dr. Walter Schmithals
Landauer Str. 6
1000 Berlin 33

Raumland, den 9.1.92

Betr.: Begegnung anläßlich unserer Konfirmation im 30. Jahr.

Lieber Herr Prof. Schmithals!

Am Palmsonntag , im Jahre 1962 haben Sie uns in Raumland konfirmiert. Das ist für uns
der Anlaß, ein Treffen zu organisieren, und alle ehemaligen Konfirmanden einzuladen. Eine
ganz besondere Freude wäre es , Sie in unserer Mitte begrüßen zu können.
So wollen wir Sie hiermit, mit ihrer Frau ganz herzlich einladen.
In Absprache mit Pastor Kreher und Pfarrer Schiermeyer wollen wir Sie bitten, den
Gottesdienst am Palmsonntag, also am 12. April 1992 in Raumland zu halten.
Wir bitten Sie, wenn es möglich ist, diesen Termin für uns zu reservieren. Sollte es Ihnen an
dem genannten Termin nicht möglich sein, nach Raumland zu kommen, so bitten wir Sie,
einen der folgenden Termine auszusuchen: 24. Mai, 14. Juni oder 28. Juni.
In der Vorfreude auf die Begegnung mit Ihnen und Ihrer Frau
grüßen ganz herzlich

Heinz Hermann Born
Elke Franz

Abb. 31: Anfrage der ehemaligen Konfirmanden[37]
Quelle: Nachlass Walter Schmithals

Walter Schmithals
Landauerstr. 6
1000 Berlin 33

Berlin, Anfang Mai 1992

Liebe Konfirmandinnen und Konfirmanden von 1962,

es war ein guter Gedanke von Heinz Hermann Born und Elke Franz,
daß wir uns nach 30 Jahren am Palmsonntag wieder einmal treffen
möchten. Ich hatte mich auf diesen Tag gefreut, und es tat mir
sehr leid, daß ich ausgerechnet in diesen Tagen so plötzlich erkrankte und ins Krankenhaus gehen mußte. Ich hoffe und hörte, daß
Ihr auch ohne mich fröhlich und besinnlich beieinander gewesen
seid. Inzwischen bin ich wieder zu Hause und nach erfolgreicher
Operation gesünder als vorher. Somit können wir uns ein andermal
vielleicht noch einmal und mit mehr Erfolg um ein Wiedersehen und
Wiederhören bemühen.
Ich habe aufgeschrieben, was ich in meiner Predigt etwa hätte sagen wollen oder können, und lege euch diese Gedanken bei. Ich denke, daß Heinz Hermann Born, der sich so sehr um die Adressen und
die Organisation bemüht hat, Euch dies Schreiben wird zukommen
lassen.
So bleibt mir nur, Euch alle herzlich zu grüßen. Ich tue es mit
einem der Konfirmationssprüche von 1962: 'Die Furcht des Herrn ist
der Weisheit Anfang', und wünsche Euch allen mit den Euren in solcher Weisheit einen guten Fortgang des Lebensweges

Euer Pfarrer
Walter Schmithals

Abb. 32: Schreiben von Walter Schmithals nach seiner Genesung
Quelle: Privatbesitz Elke Franz

---

[37] Pastor Kreher, der in diesem Brief erwähnt wird, war 1992 Vikar in Raumland
und später, von 1996–2000, dort auch Pfarrer. Pfarrer Schiermeyer wird in diesem
Brief ebenfalls erwähnt: Er war der Nachfolger von Walter Schmithals in Raumland.

Abb. 33: Goldene Konfirmation 1959 mit Pfarrer Schmithals (oberste Reihe)

Abb. 34: Diamantene Konfirmation 1958 mit Pfarrer Schmithals. Das Foto wurde vor dem Gasthaus Althaus aufgenommen, in dem anschließend gefeiert wurde.

Quelle Abb. 33 und 34: Gemeindebüro der Kirchengemeinde Raumland

4.5 Mädchenkreise

Als ich in Raumland begann, war die Pfarrstelle ein Jahr lang vakant gewesen. Mein Vorgänger war Pastor Knies, der im Frühjahr 1952 nach Wermelskirchen ging. Er hatte die Gemeinde in den 30er Jahren durch den Kirchenkampf und an die Seite der „Bekennenden Kirche" geführt. Nach dem Krieg gründete er einen CVJM und einen Posaunenchor. Beide Vereinigungen waren mehr oder weniger mit der landeskirchlichen Gemeinschaft verbunden. Sie führten während der Vakanz und auch später die „männliche" Jugendarbeit selbständig weiter, so dass ich insofern entlastet war.

Einen Mädchenkreis[38] leiteten die ledigen Geschwister Katharina und Erna Treude, die aus Hemschlar stammten und „am Bahnhof" wohnten und ihr Geld mit der Schneiderei verdienten. Mit dem Mädchenkreis sangen wir öfter in der Klinik, bei Altengeburtstagen usw. Tante Kathrinchen und Tante Erna sangen gut und gerne die zweite Stimme, ich eine dritte.

Die 11–14-jährigen Mädchen wünschten sich auch einen Kreis[39], mit dem ich dann regelmäßig am Heiligen Abend in der Kirche ein Krippenspiel aufführte. Damit sie laut und deutlich sprachen, stellte ich sie beim Üben des Textes zur Hälfte in den Chor und zur Hälfte an die Westwand der Kirche, so dass sie merkten, wie laut sie selbst sprechen mussten. Ein Krippenspiel, das wir mehrmals spielten, habe ich selbst in gereimten Versen verfasst; leider besitze ich es nicht mehr. Ich habe es ausgeliehen und vergessen, es zurückzufordern. Die Kinder machten unter sich aus, wer die Maria spielen sollte.

Mit den Mädchen des Mädchenkreises unternahm ich jedes Jahr nach Pfingsten eine Fahrradtour, die etwa eine Woche dauerte. Wir übernachteten in Jugendherbergen. Die Fahrt führte an die Mosel, nach Heidelberg, an den Rhein, auch einmal nach Holland. Sie wirkte sehr gemeinschaftsbildend, und wenn ich später in Raumland war, gehörte sie immer zum Gesprächsgegenstand. Aus dem Mädchen-

---

[38] Dies war ein Kreis für die konfirmierten, also ca. 16-jährigen Mädchen. Er wird an anderer Stelle auch „Jungmädchenkreis" genannt.
[39] Dieser Kreis wurde „Jungschar" genannt.

kreis „erwuchsen" auch Helferinnen im Kindergottesdienst, und nach meiner Zeit traf ich manches der ehemaligen Mädchen als Presbyterin wieder.

Der unerreichbare Gott

Sind wir denn auch blind? (Joh. 9,40)

Es geht um die Frage, ob wir Menschen uns aufschwingen können zu Gott, ob wir mit unserem Geist oder Verstand, mit unserem Gemüt oder Gefühl Gott finden können. Jesus sagt, wir Menschen ohne Ausnahme seien blind für Gott. Gott ist so anders als wir, steht so weit über uns, daß kein Weg von uns zu ihm führt.

Dagegen protestieren die frommen Juden. Sie wollen nicht blind für Gott sein. Sie behaupten „ihren" Gott gefunden zu haben. Aber unser Verstand ist zu klein, um Gott zu erfassen. Wir finden immer nur unsere Götzen.

Da ist der Feld-, Wald- und Wiesengott, den manche in der Natur zu finden pflegen. Da ist der Gott, von dem manche sagen, er lebe in ihren eigenen Herzen. Da ist der Gott, den man durch seine guten Werke zu gewinnen glaubt. Da ist der Gott, von dem man mit seinem Verstande beweisen will, daß es ihn gar nicht gibt. Da ist der „deutsche" Gott, den heute noch manche aus ihrem „arischen" Blut sprechen hören. Da gibt es viele andere Götter, die wir gefunden haben; aber sie alle sind Götzen. Gott ist größer, als daß wir uns zu ihm aufschwingen könnten. Gott ist auch größer, als daß unser Verstand beweisen könnte, er sei gar nicht da.

Gott ist also unerreichbar für uns? Ja, er ist unerreichbar für uns. Aber wir sind nicht unerreichbar für Gott! Wenn wir uns auch nicht zu Gott erheben können, so kann Gott sich doch zu uns erniedrigen! Die Bibel sagt, Gott habe sich zu uns erniedrigt.

Wenn wir auch Gott nicht erkennen können, so kann doch Gott uns als seine Kinder anerkennen! Die Bibel sagt, Gott habe uns anerkannt.

Wenn wir auch Gott nicht ergreifen können, so kann doch Gottes Hand uns Menschen ergreifen, zur Gnade oder zum Gericht. Die Bibel sagt, Gottes Liebe habe uns ergriffen.

Denn die Bibel redet von Jesus Christus. In ihm kommt der unerreichbare Gott zu uns. In ihm erkennen wir Gott. Ihn finden heißt, von Gott gefunden sein.

Pfarrer Dr. Walter Schmithals, Raumland

Abschrift aus: „Westfälische Rundschau", Regionalausgabe Siegen/Wittgenstein „Sonntagsbetrachtung" vom 25./26.01.1958

<u>Karin Jöhnck:</u> 1953 war ich die „Maria" beim Krippenspiel. Frau Schmithals hat mir dazu ihr Brautkleid als Kostüm geliehen, es war ein einfaches weißes Kleid mit hellgelben Streifen.

1954 ist meine Familie von Raumland nach Netphen umgezogen. Dennoch habe ich an vielen Veranstaltungen weiter teilgenommen. Es war außergewöhnlich, wie viel Pfarrer Schmithals mit uns Mädchen unternommen hat.

Abb. 35: Krippenspiel 1962 in der Raumländer Kirche
Quelle: Gemeindebüro der Kirchengemeinde Raumland

<u>Gerda Hackenbracht:</u> Das Schönste für mich war die Jungschar bzw. nach der Konfirmation der Jungmädchenkreis. Wir haben sonst nur gearbeitet. Es war ja auch kein Geld da. Da war das *die* Freude und Abwechslung!

Unser Pfarrer Schmithals konnte gut mimen. Zum Beispiel wie man ein Kind aus dem Bettchen hebt und es wickelt. Oder wenn man Stoff kauft: wie die großen Ballen hervorgezogen, der Stoff abgewickelt und abgeschnitten wird. Wir mussten dann raten, was er gerade vorführt. Er war immer lustig.

Einmal sind wir spazierengegangen. Da fing es an zu regnen und auch zu gewittern. Er sagte, wir bräuchten keine Angst haben. Er sei der Längste und deswegen der Blitzableiter.

Im Jungmädchenkreis war Erna Treude öfter als Helferin dabei. Die war streng. Pfarrer Schmithals hat mit uns gesungen, zum Beispiel: „Ade, nun zur guten Nacht". Da heißt die letzte Strophe: „Die Mädchen in der Welt sind falscher als das Geld mit ihrem Lieben." Das hat er immer besonders laut gesungen, aber Tante Erna hat nicht mitgesungen. Einmal hatte er einen Termin und konnte den Kreis nicht leiten, Tante Erna sollte den Jungmädchenkreis alleine halten. Aber wir wollten nicht hingehen. Wir haben uns versteckt und keiner ist hingegangen. Da ist Tante Erna zu meinen Eltern gegangen und wollte mich holen. Da haben sie erfahren, dass ich nicht hingegangen bin.

Als das erste Kind bei dem Pfarrersehepaar geboren wurde, war gerade Jungschar. Wir sind alle nach oben gegangen und haben der Mutter etwas vorgesungen. Pfarrer Schmithals hat die Kinder manchmal gebadet, wenn Jungmädchenkreis war. Und wir haben zugeguckt. Er hat auch mal gesagt: Erst kommen die fünf Mädchen, dann kommen die fünf Jungen.

Der Jungmädchenkreis hat auch Radtouren gemacht, bis nach Marburg und zur Freilichtbühne in Elspe. Das war aufregend! Einmal ging die Straße steil bergab. Da hat er gesagt, jede muss alleine fahren und Bescheid sagen, wenn sie unten angekommen war. Dann durfte die nächste fahren.

Ja, er hat sogar Fahrten übers Wochenende nach Heidelberg oder Holland organisiert. Aber ich durfte nicht mit. Er ist sogar zu uns ins Haus gekommen, um meinen Opa zu überreden. (Der Opa hatte das Sagen. Meine Eltern mussten viel arbeiten, aber das Geld hat der Opa bis ins hohe Alter verwaltet, auch hat er die Arbeit eingeteilt und entschieden, wofür das Geld ausgegeben wurde.) Aber es hat nichts genutzt, mein Opa ließ sich nicht überzeugen. Ich war so traurig. Und als alles nichts half, hat Pfarrer Schmithals zu mir gesagt: „So hast Du etwas fürs Leben gelernt, Gerda. Nämlich, wie man seine Kinder NICHT erziehen soll."

<u>Heidi Fischer:</u> Nach der Konfirmation nahmen wir am Jungmädchenkreis teil, wo wir u.a. Sketche einübten und Theater spielten. So war eine Aufführung Tante Lenchen gewidmet, der für die Kirchengemeinde Raumland zuständigen Hebamme, als diese in den Ruhestand ging.

Ich erinnere mich noch gut an die erste Geburt in der Familie Schmithals. Es war zufällig ein Tag, wo wir zur Jungschar zusammen gekommen waren, so dass Pfarrer Schmithals die Gelegenheit nutzte und mit uns nach oben ins Schlafzimmer ging, wo wir Mutter und Kind sehen durften.

Vieles und eines

„Der Herr ist meines Lebens Kraft" (Ps. 27,1).

Kein Menschenleben gleicht dem anderen. Jedes Leben ist ein besonderes. Die Möglichkeiten des Lebens sind unzählbarer als der Sand am Meer. Unverwechselbar ist darum jedes Leben; kein Lebenslauf wiederholt sich. Jeder führt sein eigenes Leben und jeder ein anderes. Eines aber ist die Wurzel, aus der alles Leben und alle vielfältigen Möglichkeiten des Lebens entspringen.

Eines ist die Kraft, aus der jedes Leben geführt wird, in der sich aus unzählbaren Möglichkeiten das besondere, unverwechselbare, eigene Leben zusammenfügt.

Eines auch ist das Ziel, dem jedes Leben zustrebt, in dem alle Mannigfaltigkeit des Lebendigen zu einer ewigen Einheit findet.

Wir haben täglich von früh bis spät mit der Vielfältigkeit unseres Lebens zu tun; wir freuen uns darüber, und wir leiden darunter. Wir sollten über dem Wunder dieser Vielfalt nicht vergessen, nach der Einheit allen Lebens zu fragen, nach der Wurzel, der Kraft und dem Ziel alles Lebendigen: nach dem lebendigen Gott.

Pfarrer Dr. Walter Schmithals, Raumland

Abschrift aus: „Westfälische Rundschau", Regionalausgabe Siegen/Wittgenstein „Sonntagsbetrachtung" vom 23.06.1962

4.5.1 Fahrradausflüge mit den Mädchenkreisen

Karin Jöhnck: Manches ist mir von den Fahrradtouren noch in Erinnerung: Bei der Eifel-Radtour war Senta auf dem Rad eingeschlafen und fiel dann vom Rad. Eine weitere Erinnerung ist, dass man abends in der Jugendherberge auf das Abendbrot wartete und die Zeit nicht vergehen wollte. Pfarrer Schmithals schlug vor, noch etwas spazieren zu gehen. Wir rieten davon ab, weil wir alle doch schon Hausschuhe anhatten. Er fand das nicht wichtig und so gingen wir los. Das war in der Nähe von Maria Laach, einer sumpfigen Gegend, und Pfarrer Schmithals versank dann tatsächlich mit seinen Hausschuhen im Schlamm.

Über die Radtour nach Heidelberg (1955) habe ich meine Schulabschlussarbeit geschrieben:

Abb. 36: Die Schulabschlussarbeit von Karin Jöhnck (1956); der Einband ist mit Stoff überzogen, die Beschriftung ist eine Kreuzsticharbeit.

Auszüge aus der Schulabschlussarbeit von Karin Jöhnck (Abschrift mit unveränderter Rechtschreibung):

Mit dem Rad bis Heidelberg

(....)

Erstes Ziel Frankfurt

Der Schienenbus kommt. Nun heißt es erst einmal, hinein. Zum Glück, wird heute keine Post befördert, und wir können unsere neun Fahrräder im Gepäckraum unterbringen. Wie schnell vergeht die Fahrt bis Erndtebrück. Zu allem Unglück haben wir jedoch Verspätung, und der Zug in Richtung Sarnau ist ein Eilzug ohne Gepäckwagen. Wieder müssen wir unsere Räder behelfsmäßig in einem Abteil für Reisende mit Traglasten unterbringen. Zum guten Schluß werden auch wir noch sozusagen dazugepfercht. Wir können uns kaum von der Stelle bewegen und sind froh, daß wir, in Sarnau angelangt, erst noch einmal umsteigen können. Diesmal hat der Zug sogar einen Gepäckwagen, und zum größten Trost können wir jetzt durchfahren bis Frankfurt. Da wir alle die Strecke zwischen Marburg und Frankfurt kennen, widmen wir uns nicht besonders dem Anblick der Landschaft, sondern setzen uns zusammen und unterhalten uns. Natürlich nur von der Fahrt und allem, was damit zusammenhängt. (...)

Quer durch den Odenwald

Am nächsten Morgen brechen wir zeitig auf. Südlich von Frankfurt fallen uns besonders die großen Spargelfelder auf. Hier finden wir auch in der Umgebung von Dieburg die bekannten schindelbeschlagenen Häuser. In der Nähe von Großbieberau machen wir eine Mittagspause. Da die Sonne ungeheuer heiß brennt, und wir schon alle den Anfang von einem Sonnenbrand haben, verziehen wir uns auf eine schattige Wiese bei einem einsamen, verfallenen Bauernhaus. Nachdem wir alle gesättigt sind, zerstreuen wir uns unter den schattenspendenden Bäumen.

(...) Mit neuer Kraft machen wir uns auf, um unser heutiges Ziel, Lindenfels, zu erreichen. Hier sind wir sehr enttäuscht. Wir finden eine Baracke, die als Jugendherberge dient. Nach einer kargen Mahlzeit machen wir uns auf den Weg, um die Gegend etwas genauer anzusehen und, unter uns gesagt, um etwas zu kaufen, damit wir erst einmal richtig satt werden.

Zeitig am nächsten Morgen setzen wir unsere Fahrt fort. Weinheim ist unsere Zwischenstation. Hier sehen wir uns den bekannten Schloßgarten an. Neben vielen exotischen Pflanzen gefällt uns besonders der Schwanenteich, vor dem uns Herr Pfarrer knipst.

Abb. 37: Weinheim Schlossgarten; v.l.n.r.: Christel G., Renate N., Rosemarie B., Marta L., Helga B., Karin Jöhnck 1956
Quelle: Foto von Karin Jöhnck, der Abschlussarbeit entnommen

Bis Heidelberg ist es nun nicht mehr weit. Von hier aus fahren wir auf dem Ausläufer der weltbekannten Bergstraße bis Handschuhsheim.

Heidelberg

Da wir zeitig in der Jugendherberge eintreffen, haben wir den ganzen Nachmittag Zeit, um uns Heidelberg anzusehen. Bei unserm
Bummel kommen wir an einem Verkaufsstand vorbei, wo radiumhal-
tiges Wasser angeboten wird. Weil wir alle einen Riesendurst haben,
nützen wir dies weidlich aus. Als erstes besichtigen wir die Universität. Beim Lauschen an einer Tür des Hörsaals bekommt Senta eine
herrliche Beule, als diese unverhofft geöffnet wird. Kurz darauf sind
wir auf dem Weg zum Schloß. Über uns ragen die Trümmer in den
Himmel.

Abb. 38: Heidelberg, Blick zum Schlossberg
Quelle: Foto von Karin Jöhnck, der Abschlussarbeit entnommen

Vom Schloß hat man einen schönen Blick über die ganze Stadt.
Hier gelingt mir auch ein Schnappschuß von unserem Pfarrer:

Abb. 39: Heidelberg, Walter Schmithals auf einer Bank vor dem Schloss
Quelle: Foto von Karin Jöhnck, der Abschlussarbeit entnommen

Besonders gespannt sind wir auf das Faß[40]. Doch wie wir so davorstehen, sind wir ziemlich enttäuscht. Bald erfahren wir jedoch, daß wir noch gar nicht vor dem Großen Faß stehen, auf dem sich sogar ein Tanzboden befindet.

Besondere Heiterkeit ruft die Uhr mit dem Fuchsschwanz[41] hervor. Auf dem Rückweg werfen wir noch einen Blick auf die alte Brücke mit dem Schloß im Hintergrund.

---

[40] „Großes Fass": Sehenswürdigkeit im Heidelberger Schloss
[41] „Fuchsschwanz": Sehenswürdigkeit, die sich ebenfalls im Fassbau des Schlosses befindet.

Abb. 40: Heidelberg, Blick auf die alte Brücke mit dem Schloss im Hintergrund; v.l.n.r.: Christel G., Waltraud W., Senta Kunze
Quelle: Foto von Karin Jöhnck, der Abschlussarbeit entnommen

Auf nach Schwetzingen

Unser nächstes Ziel ist der Schloßgarten in Schwetzingen. Beim Eintritt ist es uns, als ob uns plötzlich eine andere Welt umfange. Der Vorgarten ist ganz nach französischem Geschmack angelegt. Durch das rechte Zirkelhaus gelangen wir zu dem entzückenden Schloßtheater, auf dessen Bühne Komödien von Voltaire und Opern von Gluck uraufgeführt wurden. Auch finden wir hier eine langausgestreckte Orangerie. Das Badehaus Carl Theodors beeindruckt uns sehr durch seine prunkvolle Ausstattung. Auf romantisch geschwungenen Wegen kommen wir zu der „Chinesischen Brücke", von wo zwei Wege um den großen See herumführen.

Mannheim – Ludwigshafen

(....) Nach dem Abendessen frage ich Senta und Waltraud, was sie davon halten, eine Flaschenpost abzuschicken. Beide sind Feuer und Flamme. Also machen wir uns auf die Suche nach einer Flasche. Leider vergebens. Sprudel gibt es hier keinen, der Herbergsvater weiß keinen Rat, und sogar in den Abfalleimern ist nichts zu finden. Da geben wir den Plan auf und gehen in die Stadt, um uns die Wasserspiele anzusehen. Als wir gegen acht Uhr zurückkommen, steht der Herbergsvater mit einer Flasche in der Hand an der Tür. Wir stürzen auf ihn zu und reißen ihm die Flasche geradezu aus der Hand. Schnell haben wir unsere und einige andere Adressen auf einen Zettel geschrieben und laufen zum Rhein, wo Herr Pfarrer mit den übrigen Mädels sitzt. „Habt ihr etwa auch meine Anschrift aufgeschrieben", fragt uns Else. „Na klar", erwidere ich. Da springt sie auf, um mir die Flasche wegzunehmen. Waltraut springt ebenfalls auf, um sie daran zu hindern und faßt sie dabei so unglücklich am Arm, daß sie ihr dabei sämtliche Brandblasen aufreißt. Unterdessen habe ich die Flasche in den Rhein geworfen, aber einige Jungen, die gerade am Baden sind, fischen sie wieder auf. Nachdem Herr Pfarrer in die Jugendherberge gegangen ist, um seiner Frau zu schreiben und, wie er sagt, um ihr zu ihrem Töchterlein zu gratulieren[42], werden die Jungens munter und kommen zu uns, um zu erfahren, welcher Namen zum Einzelnen gehört. Doch bald wird es auch für uns Zeit zu verschwinden, um beim nächsten Aufbruch munter zu sein.

Schwierige Fahrt nach Bad Kreuznach

Über Frankenthal, wo uns die großen Zwiebelfelder auffallen, gelangen wir nach Worms. Natürlich sehen wir uns hier den Dom an. Besonders beeindruckt sind wir vom Hochaltar im Ostchor des Domes. Ungeheuer reich verziert mit biblischen Figuren und Ornamenten zeugt er von einer anderen Welt. Bemerkenswert ist die Gruft mit den Sarkophagen, wo unter anderen Konrad der Rote und der Herzog von Worms ruhen.

---

[42]Am 2. Juni 1955 wird Elisabeth, die zweite Tochter, geboren; etwas früher als erwartet, so dass Walter Schmithals bei der Geburt nicht dabei ist.

Nun beginnt die schwierigste Strecke unserer ganzen Tour. Erstens herrscht eine unwahrscheinliche Hitze, und zweitens geht es noch bergauf. Haben wir endlich die Höhe erreicht, geht es bergab, und in der Ferne winkt schon wieder der nächste Berg. So geht kilometerweit bergauf bergab. Wir sind froh, Alzey zu erreichen. Leider finden wir hier keinen schattigen Platz außer einem Park, der jedoch zum Gymnasium gehört und wo der Zutritt verboten ist. Deshalb lassen wir uns recht verstimmt am Ende des Ortes auf einer Gartenmauer nieder, um auf die zu warten, die einkaufen gegangen sind. Wie wir so verdrießlich da sitzen, kommt eine Frau aus dem angrenzenden Garten, die unsere nicht sehr lobspendende Unterhaltung hört und uns fragt, ob wir uns nicht bei ihr im Garten niederlassen wollen. Erfreut nehmen wir dieses Angebot an.

Nach einer zweistündigen Mittagspause setzen wir unsere Fahrt fort, auf der wir das erste Mal einen Spiegel sehen, der zur Verkehrsübersicht dient. Er ist hinter einer Unterführung so angebracht, daß man die rechtwinklig zur Hauptstraße verlaufende Nebenstraße übersehen kann. Über Münster am Stein kommen wir gegen Abend abgekämpft nach Bad Kreuznach. Übrigens haben wir alle durch die Bank einen herrlichen Sonnenbrand.

Einen spaßigen Zwischenfall erleben wir noch beim Schlafengehen. Jemand hat uns gesagt, daß gegen Sonnenbrand eine dünn aufgetragene Eischicht helfe. Also gut, probieren wir es aus. Die älteste von uns nimmt, in ihrer Nachtwäsche gut versteckt, wir dürfen nämlich nur diese in den Schlafsaal mitnehmen, eine Tasse, ein Ei und eine Gabel mit. Aber welch ein Gelächter bricht unter den anderen aus, die den Raum mit uns teilen, wie Else von einem zum anderen geht, um uns mit dem geschlagenen Ei anzupinseln.

Mit dem Dampfer bis Koblenz

Frisch und munter radeln wir am nächsten Tag bis Bingen, von wo uns ein Schiff bis Koblenz bringen soll. Da wir einen Mordshunger verspüren, machen sich Herr Pfarrer und zwei Mädchen auf, um einzukaufen, während wir anderen uns auf der Rheinpromenade amüsieren. Wie die Wilden stürzen wir uns nachher über das Essen. Da wir nicht alle auf einer Bank Platz finden, teilen wir uns in zwei Gruppen. Natürlich sind Senta, Waltraut und ich wieder zusammen, wie immer, das unzertrennliche Kleeblatt. Wie wir gerade so am eifrigsten futtern, kommt jemand und knipst uns und möchte unsere Adresse wissen, um uns das Bild zuschicken zu können. Wir haben einen Heidenspaß, denn nun haben wir wieder einmal einen gefunden, den wir herrlich veräppeln können. (…)

Der Dampfer! Alle freuen sich riesig auf die bevorstehende Rheinfahrt. Kaum haben wir unsere Räder und unser Gepäck verstaut, eilen wir aufs Deck, um nichts von der Schönheit der Landschaft zu versäumen. Stolz ragen die Burgen auf den Bergkuppen in die Höhe, die wohl nirgends so zahlreich sind wie gerade hier am Rhein. Unter vielen anderen bekannten und unbekannten Sehenswürdigkeiten finden wir die Pfalz im Rhein und die Loreley.

Nun geht's nach Hause

Der letzte Tag ist da. Es ist Sonntag, der 5. Juni. Heute fahren wir nach Hause. Um acht Uhr radeln wir los, um gegen 10 Uhr in Selters zu sein. Wir müssen uns ordentlich ranhalten, um pünktlich zum Gottesdienst zu kommen. Senta, die sehr müde zu sein scheint, ist drauf und dran einzuschlafen. Nach dem Gottesdienst fahren wir zum Bahnhof, um uns mitsamt den Rädern mit dem Zug nach Betzdorf befördern zu lassen.

Von Betzdorf fahren wir nach Freudenberg, um das ältere Töchterchen von Herrn Pfarrer zu besuchen, das sich zur Zeit bei seinen Großeltern aufhält. Die anderen sind spazierengegangen. Wir ruhen uns etwas aus und sind gerade dabei wegzufahren, da treffen die Ersehnten ein.

Abb. 4 auf der Terrasse der Wohnung der Eltern von Walter Schmithals; Karin
Jöhnck die zweite von rechts
Quelle Foto der Abschlussarbeit von Karin Jöhnck, entnommen

...er Oberholzklau setzen wir unsere Fahrt nach Kreuztal fort. Von
...fahren die Raumländer mit dem Zug bis Lützel, um den Steigun-
...n bis dorthin zu entfliehen, während ich über Kredenbach und über
...nglinghausen nach Hause[43] fahre. (...)

(Ende der Textauszüge aus der Schulabschlussarbeit von Karin Jöhnck.)

---

[43] Karin Jöhnck wohnte mit ihren Eltern in Netphen

<u>Senta Walle:</u> Während der Radtour wurde das zweite Kind, die Elisabeth, geboren. Es hat mich damals betroffen gemacht, dass die Mutter das Kind alleine zur Welt bringen musste, während der Vater mit uns auf Fahrradtour war.

Einmal bin ich beim Fahrradfahren eingeschlafen und im Straßengraben gelandet. Pfarrer Schmithals kam und ich habe ihm erzählt, wie es wohl dazu kam. „Ach je", sagte er, „und was hast Du geträumt?" „Von zu Hause", antwortete ich.

Auf der Rückfahrt sind wir über Freudenberg gefahren. Wir sind am Haus der Eltern von Pfarrer Schmithals in der Oststraße vorbeigefahren, aber es war leider niemand zu Hause. Da ist der Pfarrer durchs Fenster in die Wohnung eingestiegen. Das war ein Geheimweg seit Kindertagen. Er hat den Sonntagskuchen aus der Küche geholt und an alle verteilt. Als wir dann weiterfuhren, haben wir die Großeltern doch noch getroffen. Sie waren mit Gesine spazieren, die sie aus Raumland zu sich geholt hatten, weil die Geburt des zweiten Kindes nahte.

<u>Heidi Fischer:</u> Besonders schön beim Jungmädchenkreis waren die Fahrradtouren. 1957 war ich gerade einmal 14 Jahre alt, und meine Eltern waren gar nicht begeistert, dass ich mit nach Holland fahren wollte. Nach einem Gespräch mit dem Pfarrer haben sie dann schließlich zugestimmt.

Bei unserer Fahrt durch Essen geriet ein Mädchen von uns mit ihrem Vorderrad in die Straßenbahnschienen und kam zu Fall. Zum Glück hatte sie sich nicht verletzt. Noch heute kann ich mich gut an die Städte Arnheim, Nijmegen und Amersfoort erinnern. Bei Scheveningen haben wir in der Nordsee gebadet. Das war ein besonderes Erlebnis, denn wir alle sahen zum ersten Mal in unserem Leben das große Wasser.

Danach hatten einige von uns einen Sonnenbrand, denn Sonnenmilch befand sich zu jener Zeit nicht in unserem Gepäck. Diese setzten die Fahrt dann ein Stück weit mit der Eisenbahn fort.

Bei dieser Fahrt begleitete uns auch die Frau des Pfarrers.[44] Als wir Hunger hatten, kauften der Pfarrer und seine Frau Käse für uns, den wir dann gemeinsam am Straßenrand verzehrten. Diesbezüglich waren die beiden völlig unkompliziert.

<u>Elke Franz:</u> Nach der Konfirmation konnten wir in den Mädchenkreis gehen. Mit diesem haben wir im Sommer 1962 noch eine Fahrradtour bis nach Heidelberg gemacht. Ohne Gangschaltung ging das damals. Es war eine schöne Zeit. Um so trauriger war die Gemeinde 1963 über den Abschied ihres Pfarrers und Familie.

Abb. 42: Auf der letzten Fahrradtour mit Walter Schmithals 1962: Amorbach. Elke Franz ist die siebte von links.
Quelle: Gemeindebüro der Kirchengemeinde Raumland. Diaaufnahme von Walter Schmithals.

---

[44] Siehe Seite 36 und dort auch Abb. 15.

4.7 Seelsorge, Sterben und Tod

Beerdigungen betrafen das ganze Dorf. Die Nachbarn gruben das Grab und trugen den Sarg.

Bei Selbstmorden war man besonders gespannt, was ich sagen würde; denn dabei war Pastor Knies anscheinend sehr gesetzlich gewesen. Ich machte es aber beim ersten Mal spontan „richtig".

Ein braver Flüchtlingsmann aus Dotzlar, dessen drittes oder viertes Kind ich kurz zuvor getauft hatte, starb an Magenkrebs. Ich war mit seiner Frau, die im Krieg Krankenschwester gewesen war, und dem Chirurg im Krankenhaus Berleburg zusammen, und wir beschlossen gemeinsam, die Apparate abzustellen. Die Trauergemeinde versammelte sich mit betroffenem Schweigen vor dem Haus des Verstorbenen und ging wortlos mit zum Grab. Seine Kinder wurden von der Witwe zu tüchtigen Menschen erzogen.

Meine Zeit

„Meine Zeit steht in deinen Händen" (Ps.31,16)

Meine Zeit ist nur ein Sandkorn am Strand der Zeit, nur ein Tropfen im Meer der Zeit. Aber auch alle Zeit zusammen, das ganze unermeßliche Maß der Zeit, ist nur ein Geringes inmitten der Ewigkeit, nur ein Kleines in der Hand Gottes. Denn meine Zeit und auch die ganze Zeit hat Anfang und Ende; die Ewigkeit allein ist ohne Zeit und ohne Grenze.

Steht unsere Zeit auf dem unbegreiflichen Grund der Ewigkeit? Ist sie geborgen in Gottes Händen? In dieser Frage liegt der letzte Maßstab für den Wert unserer Zeit beschlossen.

Wie es dem Meer ein Geringes ist, ein Boot zu verschlingen, so daß niemand es mehr kennt, so ist es auch der Ewigkeit ein Geringes, unsere Zeit zu verschlingen, als sei sie nicht gewesen. Aber so, wie man im Sturm eine Bucht anlaufen und seinen Anker auswerfen kann, so erlaubt uns Gott, das Schiff unserer Zeit in ihm, dem Grund von Zeit und Ewigkeit, zu verankern.

Und so zu sprechen: Meine Zeit steht in deinen Händen.

Dr. Walter Schmithals, Raumland.

Abschrift aus: „Westfälische Rundschau", Regionalausgabe Siegen/Wittgenstein „Sonntagsbetrachtung", 10.06.1961

Eine andere Flüchtlingsfamilie mit Namen Heinicke, die in der alten Papiermühle in Raumland wohnte, hatte einen einzigen Sohn, der schon in die Schule ging, als er an Leukämie erkrankte und mit acht oder neun Jahren starb. Die Trauerfeier war in der Kirche, die bis auf den letzten Platz von Menschen besetzt war, die verstummt waren. Die Mutter kam wenige Zeit später an einem Samstagnachmittag zu mir, und als sie ging, frug ich mich, ob sie nur einmal ihr Herz ausschütten wollte. Am folgenden Sonntag kam nach dem Gottesdienst ihre Mutter zu mir und sagte, die Tochter läge wie tot im Bett. Ich rief sofort den Arzt an. Sie hatte Tabletten genommen, konnte aber gerettet werden. Ich sprach mit dem früheren Presbyter Limper, der sofort bereit war, sie in der Sparkasse zu beschäftigen, und nötigte ihr noch im Krankenhaus das Einverständnis ab, dort die Arbeit aufzunehmen. Ihr Mann war Grafiker und Fotograf; beide wohnten später in Berleburg, aber er kam immer nach Raumland, wenn ich später dort predigte, und mehrmals erhielt ich von ihm Fotografien oder Federzeichnungen der Raumländer Kirche.

Abb. 43: Raumland – Federzeichnung von Siegfried Heinicke (1986)
Quelle: Privatbesitz Familie Schmithals

Ein etwa 18-jähriges Mädchen aus Dotzlar starb an Krebs, von den Diakonissen im Krankenhaus Berleburg im Sterben treu begleitet. Als ich sie besuchen wollte, traf ich im Krankenhaus auf die Eltern, die auch zum Besuch gekommen waren; wir standen gemeinsam vor der toten Tochter. Am Tag vor ihrem Tod wünschte sie sich von den Schwestern das Lied: „Tut mir auf die schöne Pforte, führt in Gottes Haus mich ein". Das machte mir die Ansprache am Grab leicht.

Anfang der 1960er Jahre kam bei einem „Sportfest" in Raumland ein Mann in besten Jahren zu Tode, der von einem anderen Festteilnehmer mit dem Motorrad umgefahren wurde; beide waren betrunken. Ich hielt im Trauerhaus eine tröstliche Ansprache, sprach auf dem Friedhof aber deutlich die Schuld der Festteilnehmer an, wobei ich das Wortspiel Sportfest-Mordfest verwandte; das führte zu lebhaften und kontroversen Diskussionen in der Gemeinde, ob ich angemessen meines Dienstes gewaltet habe. Ich weiß es auch heute noch nicht.

Das Osterlicht

Gott sei Dank, der uns den Sieg gegeben hat durch unseren Herrn Jesus Christus!
(1. Kor., 15,57)

Am Abend des Karfreitags war keine Rede vom „Sieg" unter den Jüngern, Freunden und Nachfolgern Jesu. Ihre Enttäuschung muß groß gewesen sein. Judas erhängt sich, Petrus verleugnet, die anderen fliehen und verbergen sich. Mit Jesus hatten sie ihre Hoffnungen ins Grab gelegt. Sie hatten sich blamiert, der Sieg gehörte den anderen, Tod und Sünde triumphierten. Das Kreuz Jesu war das Zeichen ihrer Niederlage. Nichts kann ihnen schrecklicher erschienen sein als dieses Kreuz.

Wenig später verkündigen sie das Kreuz als Grund ihrer Hoffnung, den Gekreuzigten als ihren Heiland. Sie kommen aus ihrem Versteck hervor, sie triumphieren und loben Gott, der ihnen den Sieg gegeben hat.

Da muß ein Wunder passiert sein: das Osterwunder. Als sie dem Auferstandenen begegneten, der die Nägelmale an seinen Händen trug, wurde das Kreuz, die Finsternis ihrer Finsternisse, von einem hellen Licht beschienen. Sie begannen zu begreifen, daß Gott mit einem Kreuz inmitten dieser Welt das Zeichen seiner Liebe aufrichtete.

Wir würden des Karfreitags nicht gedenken, wäre es nicht Ostern geworden. Und Ostern können wir nicht feiern, es sei denn im Zeichen des Kreuzes. Der Sieg, der Ostern sichtbar wird, ist am Kreuz errungen.

Gott sei Dank, der uns den Sieg gegeben hat!

Pfarrer Dr. Walter Schmithals, Raumland

Abschrift aus: „Westfälische Rundschau", Regionalausgabe Siegen/Wittgenstein „Sonntagsbetrachtung", 28./30.03.1959

Eines der Mädchen, das ich konfirmiert hatte und das sich treu zum Mädchenkreis hielt, war Jutta Nipko, eine Nichte unseres Mitbewohners Nipko, treu, lieb, fleißig und zuverlässig. Kurz nachdem ich Raumland verließ, erkrankte sie an Krebs und starb schon bald. Als sie begriff, dass ihre Krankheit unheilbar war, verlangte sie nach mir, wie ich später hörte. Niemand setzt ihr ein Denkmal, aber ich erinnere mich gerne an sie. Wer wird sich dann noch erinnern? So geht es mir mit manchen Menschen aus der Gemeinde, für die ich mich verantwortlich wusste.

Ein Ereignis verdient besondere Erwähnung: Die Wittgensteiner Grafen hatten zu Anfang des 18. Jh. auf ihrem Hof Schwarzenau radikalen Pietisten Unterkunft gewährt. Dort kam es unter den Inspirierten 1708 zu einer Wiedertaufe in der Eder. Die Wiedertäufer wanderten aus und gründeten in den USA die Church of Brethren.

Nach dem Krieg entdeckten sie ihren Wittgensteiner Ursprung, und 1958 feierte eine Gruppe von ihnen in Schwarzenau das 250-jährige Jubiläum ihrer Gemeinschaft. Etwa 100 Gemeindemitglieder machten in Bussen eine Reise durch Europa, in Italien beginnend. Anfang August kamen sie nach Schwarzenau.

Man hatte für die Begegnung mit den Deutschen ein großes Zelt aufgebaut. Der westfälische Präses Wilm leitete von unserer Seite die Begegnung. Es war drückend heiß. Die Amerikaner wünschten sich ein typisch deutsches Lied, nämlich „Stille Nacht...". Wir mussten aufstehen und unter Leitung von Präses Wilm die 3 Strophen singen.

In der folgenden Nacht schliefen die Besucher in Wittgensteiner Familien. Ein Bus mit 29 Reisenden kam nach Raumland. Die Gastgeber erzählten später noch oft von der merkwürdigen Begegnung, denn man konnte sich nur mit Händen und Füßen verständigen.

Unter den Gästen war ein Paar, Galen und Ruth Stinebaugh (Bridgewater College, Virginia), das an diesem Tag die Silberne Hochzeit feierte. Man frug uns, ob wir es nicht gemeinsam unterbringen könnten. Das geschah daraufhin bei uns im Pfarrhaus.

Wir saßen abends zu viert beisammen und sangen vierstimmige Lieder. Sie zeigten Bilder ihrer beiden Töchter, 10 und 12 Jahre alt.

Am nächsten Morgen reisten sie weiter zur Brüsseler Weltausstellung. Am 14. August bestiegen 20 der Businsassen ein KLM Flugzeug in Amsterdam, darunter auch unsere Gäste. Das Flugzeug stürzte über dem Atlantik ab und nahm alle Insassen mit in die Tiefe.[45]

Gott und die 99

„Ich will meine Hand auf meinen Mund legen" (Hiob 40,4)

Wir waren erschüttert, als wir hörten, daß im Atlantik vor einiger Zeit ein Flugzeug mit 99 Menschen abstürzte und alle den Tod fanden. Wir erschraken, als die Nachricht kam, daß unter den Toten 21 jener amerikanischen Christen waren, die nach dem Jubiläum in Schwarzenau unsere Gäste waren. Wir fragten: Kann Gott das zulassen; ist das gerecht, warum handelt Gott so?

So fragte auch Hiob, als Gott ihn, den frommen Menschen, mehr strafte als alle Gottlosen. Gott antwortete ihm: Ich bin Gott, du bist ein Mensch. Weil ich Gott bin, bin ich dir keine Rechenschaft schuldig; wie kann ein Mensch sich bei Gott beschweren; kann ich nicht handeln, wie ich will; sonst wäre ich nicht mehr Gott, sondern dein Götze; du willst aber doch den wahren Gott haben; den mußt du nehmen, wie er ist. Da legt Hiob seine Hand auf den Mund und verstummte.

Auch wir können uns nicht ein Bild von Gott machen, und wenn dann etwas passiert, das nicht in dies Bild hineinpaßt, sagen wir: Nun handelt Gott nicht richtig. Wir müssen es hinnehmen, daß Gott es regnen läßt über Gerechte und Ungerechte; daß er die Frommen leiden und es den Gottlosen gut gehen läßt; daß er 99 Menschen ins Meer fallen läßt; daß er zusieht, wenn der Streitsüchtige den Krieg anfängt und der Friedliche dabei umkommt.

Ist es nicht schrecklich, solch einen Gott zu haben? Leicht ist es gewiß nicht. Aber wo steht geschrieben, daß der Glaube ein leichtes Ding sei? Wenn wir uns vor Gott beugen, müssen wir uns schon vor ihm beugen, wie er ist. Schließlich läßt er ja nicht nur Flugzeuge mit 99 Menschen vom Himmel fallen. Er hat immerhin auch Jesus Christus für uns an das Kreuz gehen lassen. Wenn er das tut, hat er uns lieb, auch wenn er uns einmal ähnlich ums Leben kommen ließe wie jene 99.

Pfarrer Dr. Walter Schmithals, Raumland

Abschrift aus: „Westfälische Rundschau", Regionalausgabe Siegen/Wittgenstein „Sonntagsbetrachtung", 30./31.08 1958

---

[45] KLM-Flug 607-E, Absturz 150 km westlich von Irland, alle 99 Menschen an Bord starben.

Senta Walle: Ich habe den Beileidsbrief aufgehoben, den Walter Schmithals meiner Mutter geschrieben hatte, als mein Vater starb:

14.5.1969

Liebe Frau Kunze!

Dies ist die Stunde, da Sie und die Ihren endgültig Abschied nehmen von Ihrem lieben Mann. Meine Gedanken sind bei Ihnen allen. Ich weiss Ihren Schmerz wohl zu ermessen, und nicht weniger den Ihrer Kinder. Sie verlieren die Mitte Ihrer Gemeinschaft, das gute Herz Ihres Hauses.

Nichts vermag Ihnen besser zu helfen in dieser Zeit übergrosser Trauer als der beständige Versuch, Gott zu danken für alles, was er Ihnen und Ihrem Mann und durch ihn in der Zeit des gemeinsamen Lebens geschenkt hat. Mit vielen anderen weiss auch ich in diesen Tagen Dank zu sagen, inmitten grosser Erschütterung angesichts der unerwarteten Todesnachricht. Ich habe weniger als Sie, aber doch sehr viel, einen treuen Freund, verloren.

Wir wissen ihn und uns in Gottes Händen geborgen. Möchte der Geist des Friedens und der Freundlichkeit, der von ihm ausging, in Ihrem Hause lebendig bleiben; dann haben Sie ihn selbst noch in Ihrer Mitte.

Leider kann ich an diesem Tag nicht in Raumland sein. Grüssen Sie Senta und Dieter herzlich von mir. Ich weiss, wieviel sie verloren haben, und seien Sie selbst von Herzen gegrüsst

Ihr
Walter Schmithals mit Frau und Kindern

Abschrift des Beileidbriefes, den Walter Schmithals an Frau Kunze aus Anlass des Todes ihres Mannes schrieb. Die Rechtschreibung wurde unverändert übernommen.

Gerda Hackenbracht: Pfarrer Schmithals hat sich wirklich gekümmert. Ein Bruder von mir ist kurz nach der Geburt gestorben. Das war natürlich schlimm. Er hat mir danach ein Buch geschenkt: „Sieben suchen eine Mutter". Er hatte das Buch genau ausgesucht, dass es passte. Zwar war dort eine Mutter gestorben, aber es hat trotzdem gepasst für mich, und es zu lesen hat mir geholfen. Meine Eltern haben spät, ich war da schon 15 Jahre alt, noch ein Kind bekommen, den Rudi. Der blieb nach einer schweren Mittelohrentzündung gehörlos. Euer Vater hat meine Mutter und ihn oft zur Klinik nach Marburg gefahren. Oder wenn Euer Vater nach Freudenberg fuhr, hat er meine Großeltern mitgenommen bis nach Osthelden, wo meine Tante wohnte. Auf der Rückfahrt hat er sie wieder aufgelesen.

<u>Elke Franz:</u> Ich erinnere mich an folgende Begebenheit: Als meine Oma im Sterben lag, war sie sehr krank und sprach schon seit einiger Zeit kaum noch etwas. Pfarrer Schmithals besuchte sie, setzte sich zu ihr ans Bett, nahm ihre Hände in seine und betete mit ihr den 23. Psalm. Und da sprach sie jeden Vers mit! Das hat mich damals als Konfirmandin sehr nachdenklich gemacht. Das war im Jahr 1962, das Jahr in dem ich konfirmiert wurde. Im April, kurz vor meiner Konfirmation, starb sie.

Gott mit uns

„Ob ich schon wanderte im finsteren Tal, fürchte ich kein Unglück; denn DU bist bei mir" (Ps. 23,4)

Wir alle kennen diesen schönen Vers aus dem 23. Psalm. Er spricht vom „finsteren Tal" und damit von einer Wirklichkeit unseres Lebens, die wir oft genug zu spüren bekommen: Krankheit, Kummer, Sorge, Angst, Schuld, Tod. Nicht daß wir nun anfangen sollen zu klagen. Der Beter des 23. Psalms klagt ja auch nicht. Wir haben wie er Grund, Gott für vieles Gute zu danken.

Aber finstere Täler gehören nun einmal zu unserem Lebensweg hinzu. Man kann sich in seiner Not damit trösten, daß alles nicht so schlimm ist, daß es anderen noch schlechter geht oder daß man wohl bald wieder aus seiner Not herauskommen wird. Aber das tröstet nicht immer, und oft stimmt es auch gar nicht.

Der Beter unseres Psalms tröstet sich damit, daß Gott in seiner Not bei ihm ist. Das ist der beste Trost. Er ist um so stärker, je größer die Not ist. Er kann immer trösten. Und er stimmt immer.

Denn daß Gott bei uns ist, in Schuld und Not, in Elend und Tod, das ist die Botschaft der Bibel, die uns Jesus Christus verkündigt als den Freund der Sünder, als den Bruder unserer Not, als den Leidenden in unserem Elend, als den Gefährten unseres Todes.

In ihm ist Gott bei uns. Darum sollten wir kein Unglück fürchten auf unseren Wegen durch finstere Täler.

Pfarrer Dr. Walter Schmithals, Raumland

Abschrift aus: „Westfälische Rundschau", Regionalausgabe Siegen/Wittgenstein „Sonntagsbetrachtung", 30./31.05.1959

<u>Heidi Fischer:</u> Ebenso wie um die Jugend kümmerte sich Pfarrer Schmithals aber auch um die Senioren der Gemeinde. Er besuchte sie an ihren Geburtstagen und hielt dann eine Andacht. Er hatte immer Zeit, er war ein ruhender Pol und daher sehr beliebt und geachtet in der Gemeinde.

5. Politische Themen

5.1 Bildungsarbeit und soziale Sicherung

Die Orgel spielte in Raumland zunächst Lehrer Born und 1959/60 sein Nachfolger Lehrer Fork. Beide waren Volksschullehrer alter Art, die auch ein Instrument spielen mussten und dazu wegen des Nebenverdienstes gerne die Orgel wählten. Nach ihrem „Aussterben" musste man nach Organisten suchen.

Lehrer Born stammte aus Berghausen, wo schon sein Vater Lehrer gewesen war. Dieser, so erzählt sein Sohn, sei anlässlich einer Viehzählung in ein Bauernhaus gekommen. Der Bauer sitzt am Tisch und frühstückt; auf dem Tisch liegen Brot und Butter und auf einem flachen Teller der Käse, dessen zähflüssige Masse sich leicht bewegt. Etwas löst sich aus dem Käse und schiebt sich langsam zum Tellerrand hin. Da nimmt der Bauer ein Messer, schiebt die Made in den Käse zurück und sagt: „Hie wad nett deserdiert"[46].

In Dotzlar spielte Lehrer Mielke, der auch Presbyter war, das Harmonium.

Raumland und Dotzlar hatten jeweils eine zweiklassige Schule, Rinthe und Hemschlar eine einklassige. Später wurde das Schulsystem auf Mittelpunktschulen umgestellt. Ein guter Lehrer, der lebenslang an seiner Schule wirkte, konnte ein ganzes Dorf dauerhaft prägen, zum Guten oder zum weniger Guten. Die Schule nicht mehr im Dorf zu lassen, war nicht nur ein guter Einfall. Durchlässigkeit der Jahrgänge, Gruppenarbeit und Mentorentätigkeit der älteren Schüler waren positive Kennzeichen einklassiger oder zweiklassiger Schulen. Als unsere Tochter Elisabeth ins 1. Schuljahr ging, machte sie zu Hause die Hausaufgaben des 2. Schuljahres.

---

[46] Übersetzung: „Hier wird nicht desertiert."

Erntedankfest

Die Ernte ist gut geraten und gut eingebracht. Der Bauer hat seine Arbeit gehabt, aber nun sind Scheune und Keller wohl gefüllt. Wir feiern Erntedankfest. Wir feiern es mit Grund. Aber wir feiern es auch nicht ohne Bedenken. Die Städter wissen nicht viel von der Arbeit des Landwirtes und erfahren wenig von dem Segen Gottes in der Natur. Die Bauern seufzen mit Recht, daß die gute Ernte die Preise drückt; auch eine volle Scheune ist ein schmaler Lohn für die ihre Arbeit. Stadt und Land kann nur mit halbem Herzen danken.

Es wäre töricht, davor die Augen zu verschließen. Hier liegen Probleme, die uns noch viel Sorgen machen werden. Wir sollen sie auch am Erntedankfest nicht vergessen. Aber wir sollen uns auch das Danken dadurch nicht verderben lassen.

Wir sind im vergangenen Jahr alle satt geworden, und wir werden im kommenden Jahr aller menschlichen Voraussicht nach auch wieder satt. Das ist nicht selbstverständlich; es gab und gibt viel Hunger in der Welt. Wir strengen uns redlich an, unseren Lebensstandard zu halten; aber wir wissen, daß unserer Hände Arbeit ohne Gottes Segen umsonst getan ist.

Stadt und Land brauchen nicht um das tägliche Brot zu bangen. Dafür dürfen wir Gott aus ganzem Herzen danken.

Dr. Schmithals, Raumland

Abschrift aus: „Westfälische Rundschau", Regionalausgabe Siegen/Wittgenstein „Sonntagsbetrachtung", 05.10.1963

<u>Marlene Schmithals:</u> In diesen Jahren wurde die Möglichkeit geschaffen, dass mithelfende Familienangehörige auf den Bauernhöfen rentenversichert werden konnten.[47] Mein Mann ist dann von Hof zu Hof gegangen, hat die Bauern darüber informiert und ihnen dringlich empfohlen, ihre Frauen und Töchter auf diese Weise zu versichern. Wenn wir dann in späteren Jahren in Raumland waren, sind immer wieder Frauen auf uns zugegangen und haben meinem Mann gesagt, wie dankbar sie ihm dafür sind, weil sie inzwischen aufgrund dieser Versicherungsmeldung eine kleine Rente erhalten.

---

[47] 1957 wurde das Gesetz über eine Altershilfe für Landwirte (GAL) verabschiedet, das auch auf mithelfende Angehörige angewendet wurde.

<u>Werner Posner:</u> Das Ehepaar Schmithals verstand Gemeindearbeit als Bildungsarbeit. Frau Schmithals hat den jungen Frauen im „Mütterkreis" damals aktuelle Literatur vorgestellt, z.B. die „Fischer von Lissau" von Willy Kramp, einem Roman, der gerade erschienen war. Willy Kramp war damals Leiter des Ev. Studienwerks in Villigst, und ich bin durch meine Erinnerung an die „Fischer von Lissau" vor einigen Jahren wieder auf ihn und sein bedeutendes Werk als christlicher Schriftsteller aufmerksam geworden. Frau Schmithals hat mir übrigens im ersten oder zweiten Jahr im Gymnasium geholfen, die deutsche Grammatik zu verstehen. So verdanke ich rückblickend beiden wichtige Impulse für meinen Glauben und mein Leben.

Unberufen – toi, toi, toi!

Kürzlich saß ich mit einem Mann an einem Tisch zusammen, der nach irgendeinem Wort, das im Gespräch fiel, auf den Tisch klopfte und sagte: Unberufen – toi, toi, toi. Auf meine Frage, was das bedeute, meinte er: Sicher ist sicher.

Vor längerer Zeit wollte ich mit einem Begleiter an einem Friedhof vorbeigehen. Da bat mich der Mann dringend, doch einen Umweg zu machen. Er scheute die Geister der Toten.

Als ich mich einmal in der Dämmerung mit einem Menschen an einer Stelle unterhalten wollte, an der einst ein Mord geschehen war, zog er mich von dort weg. Es gruselte ihn.

Sicher kennen wir noch mehr solcher Beispiele, wo Menschen Angst haben vor bösen Geistern, Gespenstern oder Dämonen, die an bestimmten Orten ihr Unwesen treiben und herumspuken sollen. Die einen lachen darüber und sagen, das sei alles Unsinn. Die anderen schwören, solche Mächte gebe es wirklich.

Was sollen wir Christen dazu sagen? Nun, in der Bibel kommen nicht selten solche Mächte zwischen Himmel und Erde vor. Aber die Bibel will uns nicht sagen: die gibt es wirklich. Die Bibel will uns auch nicht sagen: die gibt es überhaupt nicht. Die Bibel sagt nur eines: Jesus Christus ist mächtiger als alle anderen Mächte. Darum darfst du dich vor ihnen nicht fürchten.

Also wollen wir uns nicht den Kopf darüber zergrübeln, ob es solche Dämonen wirklich gibt. Wir wollen vielmehr glauben, daß Jesus Christus allen Geistern, den wirklichen und den eingebildeten, ihre Macht genommen hat. Dann haben wir keine Angst mehr vor ihnen und können genau so fröhlich bei Nacht über den Friedhof wie bei Tage über die Straße gehen.

Probieren wir das mal!

Pfarrer Dr. Walter Schmithals, Raumland

Abschrift aus: „Westfälische Rundschau", Regionalausgabe Siegen/Wittgenstein „Sonntagsbetrachtung", Datum unbekannt

Weh denen...

„Weh denen, die ein Haus an das andere bringen, und einen Acker zum anderen bringen, bis kein Raum mehr da ist, daß sie allein das Land besitzen (Jesaja 5 Vers 8).

Die Bibel ist unbequemes Buch. Das oben zitierte Wort ist denen unbequem, die angesichts des sozialen Unrechts dieser Welt zur sozialen Revolution aufrufen möchten. Die Bibel kennt die Hungernden, die Unterdrückten, die Ausgebeuteten, aber sie ruft sie nie auf zum Aufstand und zur Gewalt gegen die Unterdrücker, die Ausbeuter und gegen die, die sich an der Not der Armen bereichern. Das Christentum lehrt, Geduld zu üben und zu dulden, wie Christus selbst duldete.

Aber das Wort ist auch denen unbequem, die meinen, das Christentum sei dazu da, den Reichen die Vermehrung ihres Reichtums und den Besitzenden die Vermehrung ihres Besitzes zu garantieren. Ihnen gilt das „Wehe" des Propheten Jesaja. Sie werden mit aller Schärfe zur Gerechtigkeit gemahnt, die da verloren ist, wo sich in der Hand eines Einzelnen Besitz oder Macht zusammenballt, die allen zukommt.

Wehe den Völkern, die ganze Länder zu ihren Kolonien und ganze Völker zu ihren Arbeitern machen.

Wehe den Staaten, die Vorräte für viele Jahre stapeln, während in anderen Ländern Millionen Menschen verhungern.

Wehe den Großgrundbesitzern, die allein das Land besitzen, während dem Bauern das Land fehlt, das seine Arbeit lohnt.

Wehe den Spekulanten, die ein Haus und eine Grundstück an das andere bringen, bis ihnen ganze Straßen gehören.

Wehe den Kapitänen der Industrie, die eine Fabrik an die andere und ein Aktienpaket an das andere bringen, bis sie Herr sind über Zehntausende von Arbeitern.

Gott verbietet uns, mit Gewalt das an uns zu reißen, was wir für gerecht ansehen. Aber er gebietet uns, unter allen Umständen die Gerechtigkeit zu üben, die dem anderen zukommen läßt, was ihm als Geschöpf so wie mir gebührt.

Pfarrer Dr. Walter Schmithals, Raumland

Abschrift aus: Westfälische Rundschau, Regionalausgabe Siegen/Wittgenstein „Sonntagsbetrachtung" vom 19.10.1957

Elke Franz: In der „Westfälischen Rundschau" hat Pfarrer Schmithals regelmäßig die „Sonntagsbetrachtungen" geschrieben. Darin äußerte er sich öfter auch zu sozialen Fragen. Er galt im Dorf als Sozialdemokrat. Bei meinen Eltern war er deswegen durchaus einmal mehr hoch angesehen. Aber es gab auch andere, denen seine politische Meinung nicht gefiel.

Pfarrer Schmithals versuchte meine Eltern davon zu überzeugen, mich auf die höhere Schule nach Laasphe zu schicken. Mehrmals ist er deswegen bei meinen Eltern gewesen. Aber meine Eltern wollten das nicht. Sie hatten gerade gebaut und das Geld war knapp. So machte ich den mittleren Abschluss, habe anschließend eine Ausbildung abgeschlossen und später noch eine Zusatzausbildung absolviert. Es war alles gut so. Ich bereue nichts. Ich habe viele Jahre gearbeitet. Vor allem aber bin ich sehr glücklich darüber, dass ich 16 Jahre zu Hause bei meinen beiden Kindern sein konnte.

Unvernünftige Vernunft

„Der Friede Gottes, welcher höher ist als alle Vernunft, bewähre eure Herzen und Sinne in Christus Jesus." (Phil. 4,7)

Wir sollen unsere Vernunft in allen Ehren halten. Sie ist Gottes Gabe. Es wäre unverantwortlich, wollten wir sie nicht recht gebrauchen. Wir brauchen sie bei allen Entscheidungen unseres Lebens: bei den politischen und wirtschaftlichen Entscheidungen; wenn wir uns eine Frau suchen und die Kinder erziehen; am Arbeitsplatz und nach Feierabend; wenn wir reden und wenn wir schweigen.

Aber die Vernunft ist nicht das Letzte. Martin Luther nannte die Vernunft einmal eine Hure: sie hält es mit jedem. In der Tat! Wenn man geschickt ist, kann man mit der Vernunft alles beweisen und begründen. Die Vernunft braucht eine Anleitung, ein Maß, einen Zügel. Sonst wird sie unvernünftig.

Unser Wort nennt den Zügel, an dem die Vernunft gebunden sein muß, wenn sie vernünftig bleiben will: Es ist das Herz, das im Frieden Gottes ruht. Die Vernunft, die sich nicht mehr vom Frieden Gottes leiten läßt, wird unversehens unvernünftig.

Es ist nötig, diese Warnung auszusprechen, in einer Welt, deren ganzes Denken und Handeln um Macht, Stärke, Gewalt und Vernichtung kreist. Die viele Gründe der Vernunft zu sagen weiß, warum die Mächte der Gewalt noch stärker und noch vernichtender sein müssen als bisher. Die aber dabei vergißt, daß solche Vernunft schon dumm und töricht geworden ist, weil sie nicht mehr ruht im Frieden Gottes, welcher höher ist als alle Vernunft.

Pfarrer Dr. Walter Schmithals, Raumland

Abschrift aus: „Westfälische Rundschau", Regionalausgabe Siegen/Wittgenstein „Sonntagsbetrachtung" vom 26.11.1960

5.2   Kontakte in die DDR

5.2.1 Pfarreraustausch

Als ich aus der Gefangenschaft nach Hause kam[48], konnte ich den Eltern meines Kameraden Gerhard Kahnt aus Neuärgernis bei Triebes in Thüringen Nachricht geben, dass ihr Sohn mit mir in Gefangenschaft geraten war. Als er auch entlassen worden war, nahm er Kontakt mit mir auf, und das führte dazu, dass ich in der zweiten Hälfte des Januar 1954[49] mit dem Pfarrer Pechtold aus Triebes die Dienste tauschte. Er ließ sich in Raumland nach dem geringen Maß des damals Möglichen von Marlene verwöhnen, ich lebte in Triebes bei Frau Pechtold und ihrer kleinen Tochter Eva-Marie und wurde noch magerer, als ich ohnehin damals war. Die Frauenhilfe hatte als besonderes Ereignis für meinen Besuch eine Platte mit einer Art Streuselkuchen gebacken – mit Ziegenmilch, so dass ich mich sehr überwinden musste, das angebissene Stück nicht liegen zu lassen.

Der Kontakt mit der Familie Kahnt blieb ebenso erhalten wie der mit der Familie Pechtold, bis zur Wiedervereinigung zumindest durch ein jährliches Päckchen zu Weihnachten, in den 1950er Jahren aber auch durch größere Hilfeleistungen.

Als Gerhard Kahnt die Kinder geboren wurden, konnte ich ihm vor allem mit Trockenmilch helfen. Gleich nach der Maueröffnung besuchte er uns für einige Tage in Berlin, und wir waren danach auch in Neuärgernis; er starb am 20. Mai 2004. Eva-Marie Pechtold lebte später in Ost-Berlin, wo sie einen promovierten Ingenieur E. heiratete und zwei Töchter bekam. Die Familie Böhl aus Raumland hatte seit 1954 enge Verbindung mit Pechtolds gehalten, und sie kümmerte sich jetzt auch rührend um die vier E.'s, die inzwischen wieder in Neuenhagen bei Berlin leben.

---

[48] Walter Schmithals kam im Mai 1945 in Italien in amerikanische Gefangenschaft, aus der er drei Monate später entlassen wurde.
[49] Der Austausch dauerte nach Auskunft von Marlene Schmithals drei Wochen.

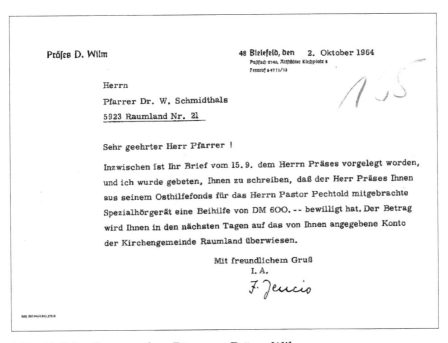

Abb. 44: Schreiben aus dem Büro von Präses Wilm
Quelle: Archiv des Ev. Kirchenkreises Wittgenstein in Bad Berleburg, 314

Besonders intensiv und auch über die Raumländer Zeit hinaus dauerhaft war der Kontakt zu Pfarrer Kurt Menard, zuerst in Lützen, dann in Dahme, später in Gotha; bis zur Wiedervereinigung verwaltete ich auch ihr Bruderhilfe-Konto, auf das monatlich etwas Westgeld eingezahlt wurde. Sie haben nach und nach 6 Kinder bekommen; bei dem dritten, Paulus, wurde ich um die Patenschaft gebeten.

Ein anderer Kontakt bestand zu dem bekannten Leipziger Religionswissenschaftler Kurt Rudolph, dem ich über sein Institut im Laufe von etwa 2 Jahrzehnten mit Unterstützung des „Hilfswerks", das dazu Mittel des „Gesamtdeutschen Ministeriums" erhielt, eine kleine Bibliothek besorgte, bis er nach einer Gastprofessur in den USA im Westen blieb und schließlich in Marburg wieder eine Professur erhielt.

Liebe deinen Nächsten

„Wer ist mein Nächster", fragt der Schriftgelehrte, der sich vor der Liebe zum Nächsten drücken möchte. Jesus antwortet ihm: Jeder, der in Not ist. Jeder ist mein Nächster, der meine Liebe nötig hat. Es ist gut, das zu hören.

Aber diese Antwort Jesu kann uns nicht davon entbinden, den N ä c h s t e n zunächst in unserer N ä h e zu suchen. Der Mann, der seine Kinder verhungern läßt, kann sich vor Gott nicht damit entschuldigen, daß er sein Geld für die Heidenmission gestiftet hat. Und wer seine Frau nicht liebt, die ihm die N ä c h s t e ist, kann nicht sagen, er habe statt dessen seinen Freund immer lieb gehabt.

Das bedeutet für uns Westdeutsche, daß unsere Nächsten die Brüder in Mitteldeutschland sind, die in großer Not des Leibes und der Seele leben. Es scheint, als vergäße man das bei uns gar zu oft.

Unsere Regierung ist sehr freigiebig mit ihrem Geld. Warum auch nicht? Geiz ist die Wurzel allen Uebels. Das Land Israel bekommt Wiedergutmachungszahlungen; den Engländern helfen wir mit Stationierungskosten, ihren Ueberfall auf Aegypten zu bezahlen; die Franzosen sollen nun fast eine Milliarde Mark als Investitionshilfe für ihre Kolonien geschenkt bekommen, weil ihnen der Krieg der in Algerien so viel kostet. Aber für unsere Nächsten in Mitteldeutschland haben wir nichts übrig. Ihnen wird trotz ihrer unbeschreiblichen Not nicht einmal Geld g e l i e h e n .

Wir schließen viele Verträge. Verträge mit Amerika und Spanien, mit England und Aegypten, mit Demokratien und mit Gewaltherrschern, Handelsverträge, Freundschaftsverträge, Militärverträge. Aber mit vielen dieser Verträge haben wir den „Eisernen Vorhang" so dicht gemacht, daß heute niemand mehr sagen kann, wie es denn einmal zur Wiedervereinigung mit unseren Nächsten kommen könnte.

Möchten wenigstens die C h r i s t e n in Bonn es doch begreifen, was es heißt, „Liebe deinen Nächsten": Daß wir zuerst die evangelischen und katholischen und kommunistischen und gleichgültigen Menschen jenseits des eisernen Vorhangs lieben, die um Gottes Liebe willen unsere N ä c h s t e n sind. Nach i h n e n fragt uns Gott.

Pfarrer Dr. Walter Schmithals, Raumland

Abschrift aus: „Westfälische Rundschau", Regionalausgabe Siegen/Wittgenstein „Sonntagsbetrachtung" vom 02.03.1957

Dass ich mit Eifer enge Kontakte zu den „Brüdern und Schwestern in der DDR" aufbaute, hing mit der politischen Situation der 1950er Jahre zusammen, die starke theologische Implikationen besaß. Adenauer forcierte die Westintegration der mehrheitlich katholischen Bundesrepublik, auch durch die Wiederbewaffnung und die Einführung der allgemeinen Wehrpflicht. Das bedeutete faktisch die Preisgabe der damals noch traditionell evangelischen DDR an den Kommunismus. Dass dabei die Positionierung des katholischen Rheinländers eine Rolle spielte, stand außer Frage. Adenauers Behauptung, die von ihm durchgeführte Politik diene dazu, den Eisernen Vorhang aufzuheben und die deutsche Einheit zu gewinnen, war ersichtlichermaßen unglaubwürdig.

Worum geht es?

„Weh euch, ihr Heuchler, die ihr Mücken aussiebt und Kamele verschluckt!" (Mt. 23,23f).

Die Zeitungen berichteten wieder einmal von Protesten tierliebender Menschen und Vereinigungen gegen die Versuche, die man mit Hunden und Affen bei der Erforschung des Weltraumes anstellt, und viele zeigten sich von diesen Protesten sehr beeindruckt. Ich finde, diese Liebe zum Tier sei ein gutes Zeichen in unserer gewalttätigen Zeit, und ich zähle die Tierschutzvereine zu den nützlichsten Vereinen, die es gibt. Dennoch ist mir bei diesen Protesten nicht ganz wohl.

Wenn man einen Juden in den Weltraum schickte, dann würden nicht wenige Menschen sagen: Gut, daß der weg ist. Oder kennen Sie solche Menschen nicht? Und wenn wir Herrn Chruschtschow als „Versuchstier" benutzen würden, dann würden viele Christen die Hände falten und Gott danken, daß er nun zu Tode gequält wird. Ich denke, Sie kennen auch solche Christen.

Sehen Sie, darum würde ich den, der sich bei mir über die Tierversuche beschwert, zunächst einmal fragen, wie er zu den Gaskammern steht, in denen wir die Juden vergasten, was er vom Algerienkrieg hält und welche Meinung er von der Ausrüstung der Bundeswehr mit Atomwaffen hat. Wenn er mir dann sagt, an der Judenvergasung fühle er sich mitschuldig, und wegen Algerien schäme er sich für die Franzosen und eine Bewaffnung unserer Soldaten mit Atomwaffen könne er noch weniger mit seinem Gewissen vereinbaren als die Versuche mit Tieren – dann würde ich seinen Prostest gegen die Tierversuche gerne unterschreiben.

Wenn er mir aber antwortet, mit den Juden habe er nichts zu tun und die Algerier gingen ihn nichts an und die Atombewaffnung sei eine Sache der Regierung und nicht seines Gewissens – dann würde ich ihm das Wort Jesu sagen, das oben geschrieben steht.

Ich glaube, Jesus hat dann gerade i h n damit gemeint.

Pfarrer Dr. Walter Schmithals, Raumland

Abschrift aus: „Westfälische Rundschau", Regionalausgabe Siegen/Wittgenstein „Sonntagsbetrachtung" vom 15.03.1958

Dazu kam, dass Adenauer seine politische Konzeption einer Politik der Stärke vor allem wegen ihres Antikommunismus dezidiert als christliche Politik herausstellte, die insofern nicht politisch, sondern glaubensmäßig zu vertreten sei – eine gleichfalls katholisierende Vermischung von Vernunft und Glaube. Die Diskussion über die Ausrüstung der Bundeswehr mit Trägerraketen für Atomwaffen verschärfte die Auseinandersetzung.

Beides, die faktische Preisgabe des östlichen Deutschlands und das „hohe C" in der Politik, erweckte Widerstand, der in der Kirche wesentlich von den „Kirchlichen Bruderschaften" getragen wurde, politisch von der „Gesamtdeutschen Volkspartei" (GVP) Gustav Heinemanns. Hier wie dort habe ich mich in den Raumländer Jahren engagiert, freilich mit abnehmender Intensität. Die Bruderschaften schienen mir zunehmend die „beiden Reiche" zu verwischen und ihre politischen Entscheidungen als christlich-glaubensmäßig verpflichtende auszugeben, insofern also selbst katholisierend zu werden. Die GVP Heinemanns war politisch erfolglos, und es wurde deutlich, dass deren Vorstellung eines neutralisierten Gesamtdeutschlands politisch zunehmend illusionär war.

Früh setzte ich mich dafür ein, die Kirche in der DDR ihren eigenen Weg gehen zu lassen, damit die Kirche nicht als politische Untergrundbewegung des Westens erscheinen möchte. Schaut man heute (1998) auf die weitgehend entchristlichten Länder der ehemaligen DDR, bestätigt sich rückblickend insoweit die Berechtigung des damaligen Engagements. Ob es möglich gewesen wäre, auf dem Wege der Neutralität die deutsche Einheit zu erhalten, wird umstritten bleiben, weil nicht versucht worden ist, die entsprechenden Angebote Moskaus auf die Probe zu stellen.

Tränen der Schuld

„Weinet mit den Weinenden" (Röm. 12, 15.)

Wir hatten in den letzten Wochen viel Grund, im Blick auf die Bauern in der DDR, die ihren Grund und Boden verloren, jenes Apostelwort zu beherzigen. Ihre Trauer war auch unsere Trauer; ihre Leiden unsere; Ihre Tränen die unsrigen.

Freilich: Tränen des Mitleides reichen hier nicht aus. Es genügt auch nicht das billige Versprechen: Wenn die Wiedervereinigung kommt, erhalten sie ihren Grund und Boden zurück. Mir scheint, daß das Leid unserer Brüder in der DDR uns auch vor die Frage stellt, ob nicht auch wir mitschuldig sind an ihrem Leiden.

Mitschuldig deshalb, weil der Krieg, unter dessen Folgen sie noch leiden, von uns allen begonnen und verloren wurde. Und mitschuldig deshalb, weil an der vertieften Spaltung unseres Vaterlandes auch wir nicht unschuldig sind. Wir wenden viel Mühe an unser Wohlergehen, viel Geld an unsere Sicherheit, viel Arbeit an unser Wirtschaftswunder.

Aber von der Wiedervereinigung reden wir nur und meinen, sie käme eines Tages von selbst.

Wenn wir das bedenken, sind die Tränen über das Leid unserer Brüder in der DDR nicht nur Tränen des Mitleids, sondern auch Tränen über unsere eigene Schuld.

Pfarrer Dr. S c h m i t h a l s

Abschrift aus: „Westfälische Rundschau", Regionalausgabe Siegen/Wittgenstein „Sonntagsbetrachtung", 30.04./01.05.1960

5.2.2 Paketaktionen

Mehrfach war ich vor dem Bau der Berliner Mauer von Raumland aus in Berlin zu gemeinsamen Pfarrertreffen Ost/West. Davon brachte ich Bekanntschaften und Adressen mit zurück und organisierte dann Paketaktionen in den Osten.

Am Stöppel[50] hatte sich ein Anzugverkäufer angesiedelt, bei dem ich billig Ausverkaufsware bezog, manchmal 20 Anzüge auf einmal, die ich dann gen Osten sandte; von den Pfarrern hatte ich mir die Konfektionsgröße angeben lassen.

---

[50] Straße zwischen Raumland und Bad Berleburg

Abschrift eines handschriftlichen Briefes von Werner Klaus (geb. 05.06.1910), der von 1952 bis 1969 Pfarrer in Hosena/Lausitz und einer der Empfänger der Pakete aus Raumland war. Die Rechtschreibung wurde unverändert übernommen:

Hosena/Lausitz, den 23.1.1963

Lieber Bruder Schmithals!

Alles Gemeldete ist hier wohlbehalten eingetroffen. Ich sage Ihnen nun dafür vielen, vielen herzlichen Dank. Das 1. kann ich als Fleiß- und Treueanerkennung immer gut verwenden, über die Handtücher hat sich meine Frau ganz schrecklich gefreut. Wir mußten ja nach 1945 als Ausgewiesene nochmals ganz von vorn anfangen. Na u. was es damals gab, taugte nicht viel u. ist längst überfällig. Dazu ist das Leben so kostspielig, daß für solche Anschaffungen nicht viel übrigbleibt. Da sind diese sechs Handtücher uns eine ganz große Hilfe. Und deshalb die große Freude bei meiner Frau. Haben Sie und Ihre liebe Frau vielen, vielen herzlichen Dank für diese nachträgl. Weihnachtsfreude. Um einige Schulden abzahlen zu können, haben wir beide, meine Frau und ich, darauf verzichtet uns zu Weihnachten etwas zu schenken. Wir haben nur den beiden Jungens, 21 u. 9 Jahre alt, dazwischen sind in den schweren Jahren 3 verstorben, eine Weihnachtsfreude bereitet. Aber so ist auch durch Ihre Liebe unser Weihnachtstisch noch gedeckt worden. Wir danken Ihnen dafür ganz, ganz herzlich.
Nun bitten Sie, daß ich Ihnen unsere Größen mitteile. Es ist uns doch peinlich, das zu tun. Aber weil Sie es so lieb u. nett tun, will ich Ihr liebes Angebot freundlich annehmen u. es, herzlich für Ihr liebes Angebot dankend, gern tun. Also zuerst die Schuhgröße. Ich lebe auf sehr großem Fuß: 45, meine Frau 39, unser 21jähriger Uli 42, der 9jährige Eckehard 34, Kragenweite: ich selbst 41, Uli 38. Konfektionsgröße selbst 50, meine Frau 46, Uli 48 u. Eckehard dem Alter entsprechend. Leider habe ich keine zeitgemäßen Bilder zur Hand, sonst hätte ich Ihnen eins beigelegt, daß Sie uns wenigstens auf dem Bild kennenlernen können. Aber ich habe auch kein Foto! Kann mir z.Zt. auch keinen leisten.

Inzwischen sind wir nun schon ein Stück ins Jahr 1963 hinein gewandert. 1962 war für uns ein besonders schweres, weil wir im August eine Tante, die als Flüchtling bei uns lebte, zur letzten Ruhe befohlen und im November meinen Vater 4 Wochen nach seinem 85. Geburtstag. Da war er noch so rüstig u. niemand ahnte, daß wir ihn genau 4 Wochen später zur letzten Ruhe betten würden. Sie ruhen im Frieden Gottes. Nun habe ich meine Mutter noch hier.

Ein Kuriosum für uns war Weihnachten. Weil in 2 Wirtschaften Maul- und Klauenseuche ausgebrochen war, wurden alle Weihnachtsgottesdienste verboten in unserer Gemeinde. Man stellte damit die Gottesdienste dem Kintop und den Bierstuben gleich. Das kennzeichnet doch wohl zur Genüge die Umgebung, in der wir leben. Dabei standen u. stehen die Leute in den Geschäften – Fleischerei und Milchgeschäft – vor allem wenn es gerade wieder mal – selten genug – Quark oder Käse gibt ½ - ¾ Stunde lang dicht aneinandergedrängt. Das tut nichts zur Sache. Aber der Gottesdienst!

Was wird 1963 bringen? Wünsche u. Hoffnungen haben wir genug. Die 1. Enttäuschungen hat 1963 uns auch schon gebracht. Wenn es doch die Völkerverständigung bringen wollte. Und wenn es doch unser Volk die Wiedervereinigung in Freiheit u. Gerechtigkeit u. damit das Ende so vielen bitteren Herzeleides, wie wir es immer wieder erfahren, in verdienter Weise schenken möchte. Und daß doch unserem Volk die primitivsten Menschenrechte wieder zuerkannt werden möchten. Nun wir wissen: „Es kann uns nichts geschehen, als was Er hat ersehen…!" Wir wollen u. dürfen nicht müde werden darum zu bitten u. zu flehen.

Wir hoffen, daß es Ihnen u. Ihrer lieben Familie wohl gehe. Wir wünschen Ihnen u. Ihren Lieben ein getrostes Wandern durch 1963 unter Seiner gnädigen Führung, u. Ihnen Gottes reichen Segen für Ihren Dienst u. Ihrer Gemeinde offene Bereitschaft für den Empfang desselben.

So grüße ich Sie u. Ihre Lieben ganz herzlich
    als Ihr ganz dankbarer
        Werner Klaus u. Familie

Quelle: Archiv des Ev. Kirchenkreises Wittgenstein in Bad Berleburg, 334

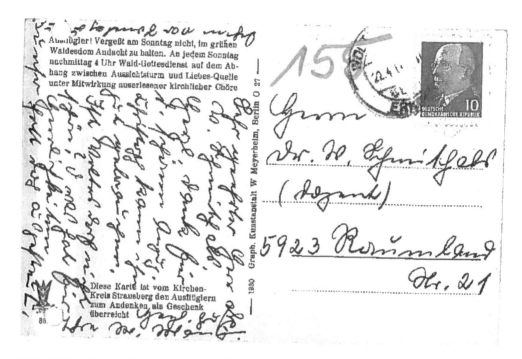

Abb. 45: Postkarte (Rückseite) von Pfarrer Wilhelm Manz, der von 1952 bis 1975 Pfarrer der Evangelischen Kirchengemeinde Woltersdorf bei Berlin war.

Quelle von Abb. 45 und 46: Archiv des Ev. Kirchenkreises Wittgenstein in Bad Berleburg, 334

Abschrift der gedruckten Texte:

Oben: „Ausflügler! Vergeßt am Sonntag nicht, im grünen Waldesdom Andacht zu halten. An jedem Sonntag nachmittag 4 Uhr Wald-Gottesdienst auf dem Abhang zwischen Aussichtsturm und Liebes-Quelle unter Mitwirkung auserlesener kirchlicher Chöre"

Unten: „Diese Karte ist vom Kirchenkreis Strausberg den Ausflüglern zum Andenken als Geschenk überreicht."

Handschriftlicher Text auf der Postkarte:

„Sehr geehrter Herr Dr. Schmithals, herzl. Dank für d. schönen Anzug. Christoph kann ihn gut gebrauchen. Ist Woltersdorf nicht schön? O was hat für Herrlichkeiten unser Gott doch ausgestreut. Herzl. Grüße Ihr W. Manz"

Am oberen Rand: „Beginn war Sonntag"

106

Blick über den Flakensee auf Woltersdorfer Schleuse

Abb. 46: Vorderseite der Postkarte von Pfarrer Wilhelm Manz aus Woltersdorf

Ein wichtiges Gebet!

„Dein Name werde geheiligt!" (Mtth. 6,9)

Ein Name ist für uns oft ein bloßes Wort. Auch Gottes Name. Darum führen wir ihn gedankenlos im Munde. Wir mißbrauchen ihn in unserem Gerede und Geschwätz. Wir sagen „Gott" und „Ach Gott" und „Bei Gott" und „Herr Je....", wenn wir nichts sagen wollen.

Für die Bibel ist Gottes Name nicht Schall und Rauch. Wo Gottes Name genannt wird, geht es um Gott selbst. Wenn wir beten: Dein Name werde geheiligt, bitten wir darum nicht nur, daß Gott uns vor dem Mißbrauch seines Namen bewahren wolle, sondern vor allem darum, daß Gott selbst unter uns geheiligt und verherrlicht werde.

Wir bitten, daß die Heiden aus der Furcht vor den Dämonen in die Zuversicht des Gottvertrauens geführt werden möchten.

Wir bitten, daß die Religionen dieser Welt zu der Erkenntnis dessen geführt werden, der Himmel und Erde geschaffen hat.

Wir bitten, daß die Gottlosen sehen möchten, daß Gott sie nicht losläßt.

Wir bitten, daß die tote Christenheit aus dem Schlaf ihrer Sicherheit aufwachen und zu lebendigem Glauben erweckt werden möchte.

Wir bitten, daß alle Menschen aufhören möchten, ihren eigenen Willen als Gottes Willen darzustellen, und daß die Christen nicht mehr ihr unchristliches Tun mit dem Namen Christi verzieren.

Wir bitten, daß bald alle Knie sich beugen und alle Zungen bekennen sollen, daß Jesus Christus der Herr sei, zur Ehre Gottes des Vaters.

Pfarrer Dr. Walter Schmithals, Raumland

Abschrift aus: „Westfälische Rundschau", Regionalausgabe Siegen/Wittgenstein vom 11./12.02.1961

5.3 (Un)christliche Politik

5.3.1 Bundestagswahl 1957

C h r i s t e n   w o l l e n   w ä h l e n

Ein Wort zur Besinnung vor dem Wahl-Gang!

Wahl bedeutet Entscheidung. Christen dürfen sich vor Entscheidungen nicht drücken. Christen sollen darum wählen.

Christus hat keine Partei gegründet. Es gibt daher keine christliche Partei. Alle Parteien sind weltlich. Sie sollen ja für unser irdisches Wohl sorgen.

Sie selbst müssen sich zwischen den Parteien entscheiden. Christus nimmt Ihnen diese Entscheidung nicht ab. Auch die Kirche kann Ihnen diese Entscheidung nicht abnehmen. Christus mutet uns Christen diese Entscheidung vielmehr zu.

Nach welchen Maßstäben sollen wir uns entscheiden?

Christen lassen sich keine Angst machen, weder vor den Russen noch vor den Atombomben. Christen handeln nicht aus Angst; sie wählen darum auch nicht aus Angst.

Christen lassen sich nicht von Worten imponieren. Christen wählen nicht den, der s a g t , er sei christlich oder sozial oder demokratisch. Christen wählen den, der christlich oder sozial oder demokratisch h a n d e l t .

Christen fragen nicht danach, ob die Partei ihrer Wahl ihnen s e l b s t nützen wird. Christen wählen nicht um ihres eigenen Reichtums, um ihrer eigenen Sicherheit, um ihrer eigenen Interessen willen. Christen denken bei ihrer Wahl an die a n d e r e n .

Christen wählen darum die Partei, der sie zutrauen, daß sie alles tut,

> um die Wiedervereinigung mit den gequälten Brüdern in der DDR herbeizuführen;

> um den Mord auf unseren schlechten Straßen zu beenden;

> um sich mit West u n d Ost zu verständigen;

> um die Abrüstungsverhandlungen zu fördern;

> um jedem den Ertrag seiner Arbeit zukommen zu lassen;

> um Wahrheit, Ehrlichkeit und Anständigkeit in unserem öffentlichen Leben zu fördern;

> um die Schrecken des Krieges und die Scheußlichkeiten des „Dritten Reiches" fernzuhalten.

Christen wählen nach bestem Wissen und Gewissen.

Sie bitten Gott, Er möchte ihre Entscheidung segnen.   Dr. W. S.

Abschrift aus: „Westfälische Rundschau", Regionalausgabe Siegen/Wittgenstein vom 14.09.1957

Jesus Christus spricht

„Wenn du betest, sollst du nicht sein wie die Heuchler, die da gerne stehen und beten in den Schulen und an den Ecken auf den Gassen, auf daß sie von den Leuten gesehen werden. Wahrlich, ich sage euch: Sie haben ihren Lohn dahin. Wenn du aber betest, so gehe in dein Kämmerlein und schließ die Tür zu und bete zu deinem Vater im Vorborgenen."

Nun ist das sicherlich nicht unsere größte Not, daß zu viele Christen beten, um gesehen zu werden. Viel größer ist die Not, daß zu wenig Menschen da sind, die überhaupt beten.

Aber hier und da sieht man doch auch heute Bilder von solchen, die beten, damit sie gesehen werden. Ich erinnere mich gut an Bilder von „Hitler, wie ihn keiner kennt": Tiefernst verließ er eine Kirche; mit großer Andacht saß er beim Gottesdienst. Damals haben sich manche von solchen Bildern betören lassen, die ja nur der Propaganda dienten.

Heute sieht man Filmschauspieler, die schon oftmals geschieden sind und andächtig bei ihrer dritten Trauung vor dem Altar knien. Oder die Wochenschau zerrt die Verborgenheit echter Andacht unbarmherzig in die Kinos, wenn sie einen betenden Priester in Großaufnahme zeigt.

Besonders beliebt sind heute Bilder des „betenden Bundeskanzlers". Kniend, sitzend oder stehend sieht man ihn seine Andacht verrichten. Niemand wird den Ernst seiner Frömmigkeit in Zweifel ziehen wollen. Vielleicht paßt es ihm auch selbst gar nicht, wenn die Bildreporter den „betenden Adenauer" in die Zeitungen setzen. Nur kann man sich leider des Eindrucks nicht erwehren, daß hier mit der Frömmigkeit ein politisches Geschäft gemacht werden soll unter solchen Christen, die es vergessen haben, daß der rechte Beter in die Verborgenheit geht.

Wir möchten jedenfalls, daß unsere Fotografen das Wort Jesu und unseren Glauben ernster nehmen, auch im Wahlkampf. Und unsere christlichen Politiker möchten wir bitten, sich beim Beten nicht mehr fotografieren zu lassen.

Pfarrer Dr. Walter Schmithals, Raumland

Abschrift aus: „Westfälische Rundschau", Regionalausgabe Siegen/Wittgenstein, Sonntagsbetrachtung vom 03.08.1957

Ich machte keine öffentliche Parteipropaganda. Aber vor der Bundestagswahl 1957 hatte es eine öffentliche Auseinandersetzung gegeben, die damit zusammenhing, dass ich seit längerem regelmäßig die „Sonntagsbetrachtungen" in der „Westfälischen Rundschau"[51] veröffentlichte, was der konkurrierenden „Westfalenpost" (CDU) ein Dorn im Auge war.

Ich war auf ausdrückliche Aufforderung aus der CDU gebeten worden, einer Wahlversammlung mit Dr. Gerstenmaier in Laasphe beizuwohnen und in der Diskussion das Wort zu ergreifen. Man war sogar mit einem Lautsprecherwagen auf den Pfarrhof gefahren. Ich hielt Gerstenmaier vor, dass die von ihm geförderte Politik der Teilung Deutschlands mit den Grundsätzen christlicher Ethik nicht vertretbar sei. Darüber erschien in den „Wittgensteiner Nachrichten" der „Westfalenpost" ein polemisch-verleumderischer Bericht. Ich war offensichtlich, übrigens zusammen mit Günther Klein aus Berghausen, in eine vorbereitete Falle gelaufen.

Hintergrund dieser Affäre war, dass etwa eine Woche vorher der Bundesinnenminister Gerhard Schröder[52] – seinerzeit meiner Erinnerung nach auch Vorsitzender des evangelischen Arbeitskreises der CDU – mich während einer Wahlversammlung in Berleburg öffentlich aufgefordert hatte, meine Betrachtungen auch anderen Zeitungen zur Verfügung zu stellen, um den Eindruck parteipolitischer Stellungnahme zu vermeiden. Ich hatte daraufhin der „Westfalenpost" ein entsprechendes Angebot gemacht, das nach der Versammlung mit Gerstenmaier in Laasphe unter Hinweis auf eben dieses Vorkommnis abgelehnt wurde.

Als 1980 eine Festschrift für Gerhard Schröder erscheinen sollte, wurde ich um Mitarbeit gebeten; Schröder habe ausdrücklich gewünscht, dass aus dem Kreis der Theologen E. Jüngel und ich einen Beitrag liefern möchten, was wir auch getan haben. Ich habe seit dieser Geste hohen Respekt vor Gerhard Schröder.

---

[51] Die „Westfälische Rundschau" galt als SPD-nah.
[52] Gerhard Schröder (1910–1989): Politiker und Mitglied der CDU

Skandalöses Auftreten ev. Pfarrer

Gröbste Diffamierung des Bundestagspräsidenten

Schärfste Antwort Dr. Gerstenmaiers auf Auswüchse des Klerikalismus — Überfüllte CDU-Versammlung in Laasphe

L a a s p h e. Eines hat der Wahlkampf in Wittgenstein bisher in aller Deutlichkeit gezeigt: der politisch interessierte Mensch will keine Wahlkampfparolen und keine Schlagworte auf Plakaten, er will sich überzeugen, wie die Dinge bisher gelaufen sind, und er will hören, was in der Politik für die Zukunft anzubieten ist. Deshalb waren auch die beiden großen CDU-Versammlungen in Erndtebrück und in Berleburg so überfüllt, und deshalb reichte in L a a s p h e der größte Saal nicht aus, als am Mittwoch abend Bundestagspräsident Oberkonsistorialrat D. Dr. Eugen G e r s t e n m a i e r zu den Wittgensteiner Wählern sprach. Lange vor Versammlungsbeginn schon stauten sich die Massen auf dem Vorplatz, und als die Saaltüren geöffnet wurden, waren in Minutenschnelle alle Plätze vergeben. Drei Stunden lang hielten viele Zuhörer stehend durch, und sie waren trotz mehrfachen Hinweises, daß der Vortrag auch in den Saal des benachbarten „Wittgensteiner Hofes" übertragen werde, nicht zu bewegen, ihren Stehplatz aufzugeben.

Der Kreis Wittgenstein steht in diesem Wahlkampf nicht hintenan. Er bekommt die führenden Köpfe der CDU zu sehen. Deutlich wird damit die Mär vom „einsamen Kanzler" zerstört; denn diese Männer aus der ersten Garde der Partei bilden zugleich jene Mannschaft, die in langen Jahren die Bonner Politik verantwortungsvoll gestaltet hat und bereit ist, sich auch weiterhin des Vertrauens würdig zu erweisen. Dieses Vertrauen wird deutlich in den immer wieder überfüllten Versammlungen der CDU, und das Echo wird zeigen, daß unser Bundestagsabgeordneter T h e o d o r S i e b e l , der seit acht Jahren schon unseren Kreis in Bonn vertritt, von den Wittgensteinern am 15. September auch ein drittes Mal in den Bundestag entsandt wird!

Wie vor zehn Tagen in Berleburg, so erlebte auch die Versammlung in Laasphe zum Abschluß das skandalöse Auftreten von zwei Wittgensteiner Pfarrern aus Berghausen und Raumland, wobei Pfarrer Dr. S c h m i t h a l s sich erdreistete, vor dem überwiegend evangelischen Publikum dem Oberkonsistorialrat Dr. Gerstenmaier vorzuhalten, er sei nicht christlich. Der Bundestagspräsident, von dem bekannt ist, daß er für seine christliche Haltung und Überzeugung den bitteren Leidensweg in die Konzentrationslager des Dritten Reiches hatte gehen müssen, stellte zu solcher Anschuldigung fest, daß ihm in nun achtjähriger parlamentarischer Auseinandersetzung selbst von Menschen, die sich ihrer inneren Einstellung nach dazu hätten verleiten lassen können, eine so diffamierende Vorhaltung niemals gemacht worden wäre. In einem ernsten Wort sagte er diesen Pfarrern unter starker Zustimmung des ganzen Hauses, daß sie nicht legitimiert seien, in einer politischen Versammlung für die evangelische Kirche zu sprechen und daß sie ihren Talar ganz ausziehen müßten, wenn sie sich zu Worte melden wollten. „Wir sind nicht der Meinung", so stellte D. Dr. Gerstenmaier fest, „daß die Kirche dem Staat Ratschläge erteilen müsse, die dann immer unbedingt zu befolgen wären. Den Klerikalismus verbitten wir uns! Wir sehen vielmehr in der Ueberwindung wahrer Seelennot die größte Aufgabe für den Seelsorger in der heutigen Zeit!"

Abschrift aus: „Westfalenpost", Lokalteil „Wittgensteiner Nachrichten", 30.08.1957

Liebe Gemeinde!

Ein betrüblicher Anlaß zwingt uns zu diesem Brief.

Am Freitag, dem 30. August 1957, brachten die „Wittgensteiner Nachrichten" einen Artikel, in dem die beiden Pfarrer unserer Gemeinde in grober Weise verleumdet wurden. Das Presbyterium erklärt, daß die Ausführungen der „Wittgensteiner Nachrichten" nicht auf Wahrheit beruhen. Im einzelnen stellen wir fest:

1) Pfarrer Klein stellte an Herrn Oberkonsistorialrat Dr. Gerstenmaier in ruhiger sachlicher Form einige Fragen, als im Anschluß an dessen Rede um Diskussionsbeiträge gebeten wurde. Diese Fragen waren von christlicher Verantwortung getragen, wenn er zum Beispiel nach Wegen der Verständigung zwischen Ost und West oder nach der Bekämpfung des Verkehrstodes fragte.

2) Pfarrer Dr. Schmithals war vom Vorstand der CDU in Wittgenstein zu der Rede des Oberkonsistorialrates Dr. Gerstenmaier besonders eingeladen und von einem Mitglied des Vorstandes ausdrücklich gebeten worden, sich an der Diskussion zu beteiligen. Er hat - trotz Bedenken - dieser Bitte stattgegeben. Wenn ihm dann hinterher von der gleichen Seite vorgeworfen wird, daß er sich als Pfarrer in einer öffentlichen Versammlung überhaupt zu Wort meldet, so richtet sich solches unglaubliche Verhalten von selbst.

3) Es ist n i c h t w a h r , daß Pfarrer Schmithals von Dr. Gerstenmaier behauptet habe, „er sei nicht christlich", wie die „Wittgensteiner Nachrichten" behaupten. Pfarrer Schmithals hat dazu den „Wittgensteiner Nachrichten" folgende Berichtigung zugesandt:

> Ich habe nicht behauptet, der Herr Bundestagspräsident Gerstenmaier sei nicht christlich, das heißt, er sei kein Christ. Ich maße mir nicht an, über den Glauben eines Menschen irgendein Urteil zu fällen. Das steht alleine Gott zu. Ich kann nur über das konkrete Verhalten eines Menschen urteilen. In diesem Sinne habe ich zu dem Herrn Bundestagspräsidenten gesagt:
> „Sie haben 90 Minuten gesprochen. 45 Minuten davon haben Sie über den wirtschaftlichen Wiederaufstieg **Westdeutschlands** gesprochen. In den anderen 45 Minuten haben Sie über die Sicherheit von uns **Westdeutschen** gesprochen. Über die Wiedervereinigung mit den unterdrückten und gequälten Brüdern in Ostdeutschland haben Sie nur in 2 Minuten einige allgemeine Sätze gesagt. D a s i s t nicht christlich, Herr Oberkonsistorialrat."

Das Presbyterium ist mit ihren Pfarrern der Meinung, daß die erste Sorge der Christen nicht dem eigenen Wohlstand und nicht der eigenen Sicherheit, sondern um Christi willen der Liebe zu den gequälten und unterdrückten Brüdern zu gelten hat. Wer darum die Bemerkung von Pfarrer Schmithals für „skandalös" hält, möge bedenken, daß schon Paulus sagte, das Wort Gottes sei für die Frommen ein Skandal und für die Unfrommen eine Torheit.

(1. Kor. 1, 23).

4) Entgegen der Darstellung in den „Wittgensteiner Nachrichten" hat keiner der Pfarrer behauptet, im Namen der evangelischen Kirche zu sprechen. Sie sind freilich der Meinung, daß die Diener des Wortes Gottes nicht nur berechtigt, sondern auch verpflichtet sind, eine Partei, die sich unter den Namen Christi stellt, nach der Christlichkeit ihres Handelns zu fragen.

Das Presbyterium bedauert es aufs Tiefste, daß eine Tageszeitung, die in christlicher Verantwortung berichten will, unsere Pfarrer in unsachlicher und unwahrhaftiger Weise gemein verleumdet. Wir haben unsere Pfarrer gebeten, solange keiner Einladung zu einer Diskussion auf einer politischen Versammlung Folge zu leisten, wie nicht eine ehrliche Berichterstattung ausdrücklich versprochen wird.

Wir bitten die Gemeinde herzlich, sich das Vertrauen zu unseren Pfarrern nicht durch böse Lügen nehmen zu lassen, die eine Tageszeitung in unverantwortlicher Weise veröffentlicht. Das rechte Vertrauen steht auf der reinen Verkündigung des wahrhaftigen und unverkürzten Wortes Gottes. Wir haben die Zuversicht, daß unsere Pfarrer damit vor menschlichem Urteil wie vor dem Gerichte Gottes bestehen können.

Wir bitten: Haltet Euch zu Gottes Wort.

Es grüßt Euch in Einmütigkeit des Glaubens

Euer Presbyterium.

Abb. 47 (vorige Seite) und 48 (oben): Gemeindebrief Nr. 2 der evangelischen Kirchengemeinde Raumland vom 03.09.1957, Seite 2 und 3
Quelle: Kirchenarchiv Bad Berleburg, Nummer 415

Die kleine Herde

„Fürchte dich nicht, du kleine Herde." (Luk. 12,32.)

Wenn man eine unbequeme Ansicht verwerfen will, dann ist es ein beliebtes Mittel zu erklären: Es ist ja nur eine kleine Gruppe, die diese Ansicht hat. Ob es in den Parteien ist, in der Politik, in der Kirche, im Wirtschaftsleben, in der Wissenschaft, im dörflichen Leben, in der Stadt: Überall ist man schnell bei der Hand, die unliebsamen Meinungen mit dem Gerede von der kleinen Gruppe totzuschlagen, ohne sich mit ihnen auseinanderzusetzen.

Recht hat immer nur die Masse; am besten ist es, stumpf und gedankenlos immer mitzumachen, was die anderen tun. Wer das nicht tut, ist höchst verdächtig.

Wie die ersten Christen. Sie waren auch nur eine kleine Gruppe. Sie waren darum höchst verdächtig. Sie hatten sehr viel zu leiden, weil sie gegen den Strom schwammen. Doch werden sie getröstet: fürchte dich nicht, du kleine Herde.

Nein, die Wahrheit ist nicht immer bei der Masse, bei der Mehrheit, bei den Mitläufern, bei den Schreiern. Sie kann sehr wohl bei der kleinen Herde sein, bei denen die gegen den Strom schwimmen.

Warum auch nicht? Muß nicht Gott unter uns auch immer gegen den Strom schwimmen? Und er ist die Wahrheit.

Pfarrer Dr. Walter Schmithals, Raumland

Abschrift aus: „Westfälische Rundschau", Regionalausgabe Siegen/Wittgenstein „Sonntagsbetrachtung" vom 03.02.1962

5.3.2 Atomrüstung

In einem gewissen Maße standen die samstäglichen Betrachtungen, die ich von 1957 regelmäßig in der „Westfälischen Rundschau" veröffentlichte, in einer Beziehung zu den aktuellen politisch-theologischen Konflikten, zumal im Wahljahr 1957, und zwar nicht zuletzt wegen ihres wiederholten Protestes dagegen, dass eine bestimmte politische Linie nicht wegen ihrer „Sachlichkeit", sondern wegen ihrer angeblichen 'Christlichkeit' empfohlen wurde.

Die Betrachtungen stießen auf erhebliche positive oder negative Resonanz, zumal sie weniger „fromm" als aktuell waren. Eine Betrachtung von März 1958 angesichts eines Beschlusses der mit absoluter Mehrheit regierenden CDU zur Atombewaffnung der Bundeswehr stieß nicht ganz unberechtigterweise auf den Protest der Kirchenleitung und führte zu einer längeren Diskussion, die ich in meinem Nachlass dokumentiert habe.

Die Kirchenleitung hatte sich formal ins Unrecht gesetzt, weil sie mich öffentlich verurteilte, ohne mich vorher anzuhören. Dadurch wurde ich in eine relativ starke Stellung versetzt und das hat einige Mitglieder der Kirchenleitung dauerhaft verärgert („Ich komme nicht nach Wittgenstein, solange der Schmithals dort ist"). Pikant war an dieser Angelegenheit, dass der damalige westfälische Präses Wilm in der Sache mit mir durchaus übereinstimmte.

Ich bin in den Betrachtungen zweifellos manchmal zu schroff gewesen; eine gewisse Gesetzlichkeit ist manchen von ihnen nicht abzusprechen, und ich würde heute nicht mehr jede dort vorgenommene Verwendung eines Bibelwortes billigen. Indessen stand stets die Sorge um die unter „christlichem" Vorzeichen gelenkte gesamtdeutsche Situation im Hintergrund, eine Sorge, die sich auch im Nachhinein jedenfalls insofern als berechtigt herausstellt, als die Entchristlichung im Osten unseres Vaterlandes der einzige dauerhafte „Erfolg" der deutschen Spaltung zu sein verspricht.

Theologisch ist mir die Unterscheidung von Glaubenserkenntnis und politischem Ermessen, in der ich anfangs unsicher war, immer wichtiger geworden, wie die aus Anlass meines 60. Geburtstags ge-

sammelt herausgegebenen Studien zur Ethik („Bekenntnis und Gewissen", 1983[53]) dokumentieren.

Kreuzige ihn!

„Sein Blut komme über uns und über unsere
Kinder" (Matth. 27,25).

Es war die CDU des jüdischen Staates, die Jesus an das Kreuz brachte,
jene halb religiöse halb politische Partei, die sich selbst die Partei der Pharisäer
nannte. Ihr Handeln bestand aus einem Gemisch von frommem Gebaren vor
dem Volk und überheblicher Machtpolitik gegen die Römer. Alle ihre
politischen Entscheidungen traf sie im Namen Gottes. Im Namen Gottes schlug
sie Gottes Sohn an das Kreuz; im Namen der Wahrheit tötete sie den
Wahrhaftigen; im Namen des Guten brachte sie den Guten um.

Wer wollte bestreiten, daß sie dabei ein gutes Gewissen hatte? Aber dieses
gute Gewissen sprach sie nicht frei von der Verantwortung für ihr böses Tun.
Bis heutigen Tages kommt das Blut Christi über sie und ihre Kinder.

Es war die CDU der Bundesrepublik, die in dieser Woche die Atomrüstung
der beiden deutschen Staaten gegeneinander beschloß, jene Partei, die sich
selbst die christliche nennt und deren Handeln aus einem Gemisch von
frommer Wahlpropaganda vor dem Volk und aufgeblasener Machtpolitik
gegen unseren Nachbarn im Osten besteht; jene Partei, die alle ihre
Entscheidungen im Namen Jesu Christi fällt. Im Namen Christi drückt sie den
Deutschen gegeneinander die Atomwaffen in die Hand; im Namen der Freiheit
macht sie uns zu Knechten dieses Teufelswerkes; im Namen des Lebens zieht
sie uns in den Bannkreis der totalen Vernichtung.

Wer wollte bestreiten, daß die Vertreter dieser Partei dabei ein gutes
Gewissen haben? Aber dieses gute Gewissen spricht sie nicht frei von der
Verantwortung für ihr böses Tun. Ich fürchte, der Tag ist nicht fern, da die
Frucht solcher Gottlosigkeit kommen wird über uns und über unsere Kinder.

Pfarrer Dr. Walter Schmithals, Raumland

Abschrift aus: „Westfälische Rundschau", Regionalausgabe Siegen/Wittgenstein
„Sonntagsbetrachtung" vom 29./30.03.1958

---

[53] Bekenntnis und Gewissen. Theologische Studien zur Ethik (Hg. von H.-E. und B.
Wildemann), CVZ Verlag, Berlin, 1983

Evangelische Kirche   Bielefeld, den 25. April 1958
von Westfalen   Altstädter Kirchplatz 5
Das Landeskirchenamt

Nr.   Pers. Schmithals

Pfarrer Dr. Schmithals, Raumland, hat in der „Westfälischen
Rundschau" für den Kreis Siegen (Ausgabe vom
29./30.3.1958) unter der Überschrift: „Kreuzige ihn!"
Äußerungen veröffentlicht, die uns erst jetzt bekannt
geworden sind.

Die hier gegebene Auslegung eines Wortes der Heiligen
Schrift ist theologisch nicht zu rechtfertigen. Wir verurteilen
die vorliegende Verunglimpfung einer politischen Partei
unter Verwendung eines Bibelwortes auf das schärfste.

Wir haben dies Herrn Pfarrer Schmithals eröffnet und ihm
vorgehalten, daß wir seine Sonntagsbetrachtung „Kreuzige
ihn!" für unhaltbar und untragbar halten.

gez. D. Wilm

Beglaubigt:
(Unterschrift)
Beh. Angestellte

An die Presbyterien der Kirchenkreise
Wittgenstein und Siegen
d.d. Herren Superintendenten

Abschrift des Brief des Präses D. Ernst Wilm (D.= Ehrendoktor der Theologie)
Quelle: Landeskirchliches Archiv der EKvW in Bielefeld, 2842

Der Superintendent
des Kirchenkreises Wittgenstein

Tgb.Nr.................

(21b) Erndtebrück, den 5. Mai 1958
Kr. Wittgenstein (Westf.)
Postfach 15
Fernruf 318

Lieber Bruder Brandes!

Zu dem Artikel von Bruder Schmithals „Kreuzige ihn!" erhielt ich ein an die Presbyterien gerichtetes Schreiben des LKA, das vom Herrn Präses unterschrieben ist – Datum: 25.4.1958 -.

Nun ist hier ziemlicher Sturm, weil der Satz in diesem Schreiben steht: „Die hier gegebene Auslegung eines Wortes der Heiligen Schrift ist theologisch nicht zu rechtfertigen". Eine Begründung dazu ist nicht angegeben. Die Amtsbrüder sind der Meinung, daß sie das Schreiben daher den Presbyterien nicht vorlegen können.

Bruder Schmithals war über das Gespräch mit dem Herrn Präses sehr befriedigt. Er sagte, daß er umso erstaunter sei über den Schlußsatz des Schreibens: „Wir haben dies Herrn Pfarrer Schmithals eröffnet und ihm vorgehalten, daß wir seine Sonntagsbetrachtung „Kreuzige ihn!" für unhaltbar und untragbar halten".

Nun geht unsere Bitte dahin, daß ein Bruder vom LKA – Du selbst, Bruder Niemann oder Bruder Thimme – nach hier zur Pfarrkonferenz können möchte, um den Brüdern die Gründe darzulegen, weshalb die Ausführungen theologisch nicht zu rechtfertigen seien. Die Sache wird auf der Pfarrkonferenz ja sicher zur Sprache kommen. Dort wird aber eine Auseinandersetzung sehr wenig fruchtbar sein, weil die Gemüter sich politisch schnell erhitzen werden, zumal gegen Brd. Schmithals ja niemand ankommen kann.

Darum ist mir so viel daran gelegen, daß jemand bei uns ist, der dem Brd. Schm. theologisch gewachsen ist und ihm die Stange halten kann.

Würde heute in 14 Tagen, d.h. am Montag, den 19. Mai, jemand kommen können, wäre ich besonders dankbar. Aber ich werde auch auf einen andern Wochentag mal zur Pfarrkonferenz einladen, wenn es Euch nicht anders paßt.

Entschuldige bitte, daß ich Dich mit dieser Sache nun belästige! Aber du weiß doch von der letzten Synode her, wie schwierig die Verhältnisse mit Schm. hier sind.

Denk doch bitte auch daran, daß ich die beiden Zeitungsausschnitte zurückerhalte. Bruder Kunze möchte sie gerne wieder haben.

Noch eins: In voriger Woche habe ich – und der KSV – Visitation gehalten in Arfeld. Am nächsten Donnerstag soll gemeinsame Sitzung KSV und Presbyterium dort stattfinden.

Mit herzlichen Grüßen
Dein

(handschriftlich:) *Fr. Kressel*

Abschrift des Briefes des Superintendenten Friedrich Kressel an Oberkirchenrat Wilhelm Brandes
LKA: Landeskirchenamt, KSV: Kreissynodalvorstand
Quelle: Landeskirchliches Archiv der EKvW in Bielefeld, 2842

5.3.3 Reserveübung für Jahrgang 1922

Jahrgang 1922

> *„Wenn doch auch du erkenntest zu dieser*
> *deiner Zeit, was zu deinem Frieden dient!*
> *Aber nun ist's vor deinen Augen verborgen."*
> *(Luk. 19,42)*

Auf dem Gymnasium war der Jahrgang 1922 eine prächtige Klasse. Als wir Deutschen Rußland angriffen, wurde die ganze Klasse eingezogen. Nun marschierte sie mit nach Osten. Es galt, Rußland von der Landkarte auszuradieren. Das Abendland mußte vor den Russen geschützt werden. Die Todfeinde mußten besiegt werden.

Keiner aus dieser Klasse ist wiedergekommen. Sie alle sind erschossen, erschlagen, zerrissen, verhungert und dann irgendwo verscharrt worden. Sie waren vom Jahrgang 1922.

Demnächst soll der Jahrgang 1922 zu Reserveübungen eingezogen werden. Es müssen also noch einige von ihnen am Leben sein. Und wer von dem Rest des Jahrgangs 1922 noch die Beine und die Arme und die Augen hat, der wird demnächst gemustert.

Natürlich, noch ist Rußland ja nicht von der Landkarte ausradiert. Die Todfeinde leben noch. Das ach so glaubensstarke christliche Abendland zittert vor Angst.

Da brauchen wir den Jahrgang 1922 noch einmal. Er hat die notwendige Kriegserfahrung, auch in Rußland. Und wie gut wird er es diesmal haben. Damals mußte er mit dem MG 42 und dem Tigerpanzer kämpfen. Heute darf er die Atomwaffen in die Hand nehmen, die Gott uns gerade rechtzeitig zur Verteidigung des christlichen Glaubens hat erfinden lassen. Damit werden selbst die Reste des Jahrgangs 1922 noch stärker sein als 1941 in Rußland, als sie noch alle lebten.

Als Jesus Jerusalem sah, weinte er, und dann sagte er die Worte, die oben stehen. Ach, das wir sie weinend nachsprechen könnten, wenn wir uns Land ansehen.

Pfarrer Dr. Walter Schmithals, Raumland

Abschrift aus: „Westfälische Rundschau", Regionalausgabe Siegen/Wittgenstein vom 31.1./1.2.1959

Erläuterungen: Die Entscheidung des damaligen Verteidigungsministers Franz Josef Strauß, auch ehemalige Kriegsjahrgänge beginnend ab Jahrgang 1922 zu mustern, löste vielerorts empörte Reaktionen aus (DER SPIEGEL 36/1959). Walter Schmithals hatte einen älteren Bruder, Heinz Dieter Schmithals, der am 13. Juni 1922 geboren wurde und am 15. Juli 1944 im Russlandfeldzug starb.

Abschrift.

EVANGELISCHE KIRCHENGEMEINDE

Az.: D 8 - 10

Lüdenscheid, den 18.2.1959
Schoe/Ku.

An die
Redaktion der
Westfälischen Rundschau
in Lüdenscheid

Sehr geehrte Herren!

Ich beziehe mich auf die Ausgabe Ihrer Zeitung vom 14./
15.d.Mts., Seite: 11.

Auf dieser Seite befindet sich eine Betrachtung unter
der Überschrift "Jahrgang 1922".

Diese Veröffentlichung lag dem Presbyterium der Evangelischen Kirchengemeinde Lüdenscheid in seiner Sitzung vom
16.d.Mts. vor. Es fand über diese Veröffentlichung eine Aussprache statt. Ich habe den Auftrag, das Ergebnis dieser Ausspra
che Ihnen mitzuteilen.

Wir haben von dem Inhalt mit Bedauern Kenntnis genommen.
Dieses Bedauern bezieht sich aber nur auf den Gebrauch des
aus dem Evangelium nach Lukas angezogenen Christuswortes und
auf den Schlußabsatz. Wir nehmen hiermit zu dem, was dazwischen-
steht, keine Stellung.

Das angezogene Christuswort ist an dieser Stelle völlig feh
am Platze und ein lästerlicher Mißbrauch des Christuswortes.
Wir unterstellen, daß der Verfasser dieser Veröffentlichung um
diesen Mißbrauch nichts weiß. Wir weisen darauf hin, daß Christu
diese Worte im Blicke auf Jerusalem gesprochen hat, weil die Be-
völkerung von Jerusalem Ihn, den Heiland der Welt, abgelehnt hat
Das Christuswort nimmt also nur zu dieser Ablehnung des Christus
und seines Friedens durch die Menschen Stellung. Und nur darum
hat Christus geweint. Diese Christustränen sind auch heute noch
begründet in der auch heute noch lebenden Christusablehnung.

Es ist eine Vergewaltigung dieses Christuswortes, es in dem
Zuasmmenhang zu gebrauchen, in dem es in Ihrer Veröffentlichung
steht.

Wir bitten Sie sehr dringend und herzlich, in der Ausgabe
Ihrer Zeitung vom 21.d.Mts. eine entsprechende Erklärung zu brin
gen. Der Unterzeichnete ist bereit zu einem Gespräch mit Ihnen,
wenn Sie es wünschen.

Ich grüße Sie namens des Presbyteriums der Evangelischen
Kirchengemeinde Lüdenscheid.

gez. Schoenenberg, Pfarrer.

Abb. 49: Schreiben des Presbyteriums der ev. Kirchengemeinde Lüdenscheid (Ori-
ginalabbildung, bei der es sich offensichtlich um eine archivierte Abschrift handelt,
es ist keine Abschrift von seiten der Herausgeberinnen.)
Quelle: Landeskirchliches Archiv der EKvW in Bielefeld, 1848

Dr. Walter Schmithals   Raumland, den 3.3.1959
Pfarrer

An

Das Presbyterium der Evangelischen Kirchengemeinde
Lüdenscheid

Sehr geehrte Herren, liebe Brüder!

Die Lokalredaktion der WR Lüdenscheid sandte mir Ihr an sie gerichtetes Schreiben vom 18.2. zur Beantwortung zu. Ich entnahm Ihrem
Schreiben, daß die WR Lüdenscheid eine meiner regelmäßigen Sonntagsbetrachtungen in unserer Lokalbeilage der WR nachgedruckt hat.
Sie werfen mir in sehr harten Worten Mißbrauch und Vergewaltigung
eines Christuswortes vor. Zugleich aber betonen Sie, zu meiner Auslegung dieses Wortes selbst keine Stellung nehmen zu wollen. Solches Urteilen ist mir im Raume der Kirche noch nicht begegnet und
gänzlich unbegreiflich. Die in Ihrem Urteil übergangenen Ausführungen sind nichts anderes als eine sehr direkte und konkrete Auslegung
des angeführten Christuswortes. Das von mir gekennzeichnete politische Verhalten, für das die Einberufung des Jahrgangs 1922 sympto-
matisch ist, ist – um mit Ihren Worten zu reden – Ausdruck „der auch
heute noch lebenden Christusablehnung". Meine Auslegung des Christuswortes nahm also konkret und aktuell zu der heute praktizierten
„Ablehnung des Christus und seines Friedens durch die Menschen"
Stellung.

Sie mögen der Meinung sein, daß eine konkrete Auslegung der Heiligen Schrift dieselbe mißbraucht. Auch dürfen Sie zu der Überzeugung kommen, daß d i e s e konkrete Auslegung unberechtigt ist.
Darüber mit Ihnen zu sprechen bin ich gerne bereit. Sie dürfen mir
aber nicht Mißbrauch eines Bibelwortes vorwerfen, wenn Sie die zu
diesem Bibelwort gegebene Auslegung einfach ignorieren. Solches
Tun, zumal öffentlich, ist absurd, theologisch unmöglich und mir
gegenüber ungerecht.

                    Mit brüderlichem Gruß
                              Ihr
                              gez. W. Schmithals

Abschrift des Antwortschreibens von Walter Schmithals an das Presbyteriums der
ev. Kirchengemeinde Lüdenscheid. „WR" steht für „Westfälische Rundschau"
Quelle: Landeskirchliches Archiv der EKvW in Bielefeld, 1848

6. Forschungen zur Geschichte Raumlands und Archivpflege

Von den vielen Menschen und Familien will ich hier Familie Böhl („Kurts") erwähnen, über die bis heute noch die meisten Verbindungen nach Raumland laufen. Das Kurts-Haus liegt in der Mitte des Dorfes und war immer besonders angesehen; es stellte regelmäßig einen Presbyter. Zum 80. Geburtstag – oder war es zur Goldenen Hochzeit – des alten Herrn Böhl habe ich aus den Kirchenbüchern die Familiengeschichte rekonstruiert und den Hausnamen geklärt.

Der „alte Böhl" hatte 1928 begonnen, in einem Steinbruch Schotter zu gewinnen. Dieser Betrieb entwickelte sich vor allem in der Nachkriegszeit zu einem ansehnlichen Unternehmen, dessen Entwicklung sein Sohn Walter Böhl 1988 in einem anschaulichen Büchlein geschildert hat („Steinig ist der Weg")[54], zu dem er mich um ein Geleitwort bat. Auch er hat inzwischen Goldene Hochzeit gefeiert (wozu meine Frau und ich nach Raumland gereist waren) und ist Urgroßvater; seine tüchtige Frau stammt aus Schwarzenau. Der älteste Sohn, den ich konfirmiert habe, leitet heute (1998) den Betrieb. Die Tochter Heidi, ein prächtiges Mädchen, wurde ebenfalls von mir konfirmiert. Die ganze Familie ist bescheiden und dem Dorf bzw. den Wittgensteiner Verhältnissen verbunden geblieben.

1983 wurde auf Walter Böhls Initiative hin eine kleine Schiefergrube zu einen Schaubergwerk ausgestaltet, das seitdem viele Besucher anzieht.

Schon 1980 hatte man den Heimatfilm „Schiefer in und um Raumland" gedreht, zu dessen Uraufführung (1. November 1980) ich als Festredner von Berlin angereist war. Ein großer Beifall dankte mir für eine, wie der Berghäuser Pfarrer Günther Klein sagte, „säkulare Predigt". Walter Böhl berichtet davon in seinem erwähnten Büchlein (Seite 92–95).

---

54 Walter Böhl „Steinig ist der Weg", Eigenverlag Raumland 1988

Zwischen Marlene und Walter Schmithals und meinen Eltern bestand ein freundschaftliches Verhältnis. Zur Uraufführung des Heimatfilms, zur Goldenen Hochzeit meiner Eltern, zur 1200-Jahr-Feier[55] – unter anderem zu diesen Anlässen haben die Eheleute Schmithals meine Eltern hier in Raumland besucht. Walter Schmithals interessierte sich für unsere Familiengeschichte und die Geschichte Raumlands insgesamt. Er ging über den Friedhof und betrachtete die Gräber. Wenn er hier war, hielt er die Predigt im Sonntagsgottesdienst. Die Kirche war dann besonders gut besucht.

Die Kirchenbücher habe ich selbst geführt – mit lesbarer Schrift, wie ich kürzlich noch feststellen konnte. Ich habe mich intensiv mit der Geschichte der Gemeinde beschäftigt und auch das eine oder andere aus dem Archivmaterial publiziert, darunter eine Untersuchung über die Einführung der Union in Wittgenstein[56].

Im Zusammenhang mit solchen Arbeiten habe ich auch das Gemeindearchiv neu geordnet und einigermaßen gesichert.

Die Ergebnisse habe ich vor meinem Abschied aus Raumland in der Chronik der Gemeinde niedergelegt. Nicht wenigem davon begegnete ich 1975 wieder im Heimatbuch „Raumland"[57].

Zum Erzählen etwa in der Frauenhilfe waren diese Ausflüge in die Vergangenheit recht hilfreich, und sie vermittelten mir und anderen ein besseres historisches Bewusstsein, das den einfachen Menschen weithin fehlt. Bei einem Frauenhilfsausflug nach Fulda stellte ich fest, dass die Frauen im Allgemeinen nicht zu sagen wussten, ob Bonifazius vor oder nach Luther gelebt hatte.

---

[55] im Jahr 2007
[56] Die Einführung der Union im Kirchenkreis Wittgenstein, in: Wittgenstein, Blätter des Wittgensteiner Heimatvereins 4, 193-208
[57] Beiträge zur Geschichte unseres Dorfes, Hrsg. Fritz Krämer, Raumland 1975

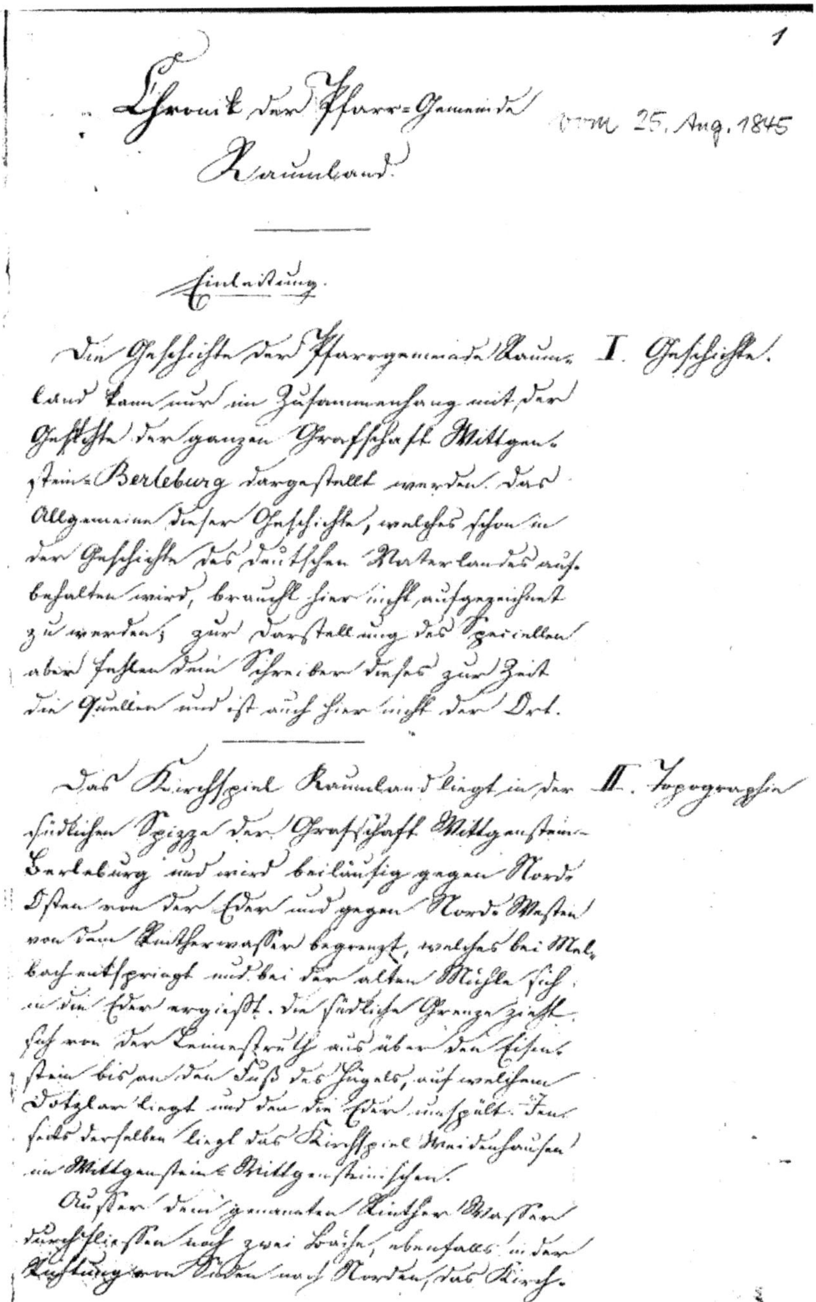

Chronik der Pfarr-Gemeinde Raumland vom 25. Aug. 1845

Einleitung.

I. Geschichte.

II. Topographie

Abb. 50: Erste Seite der Chronik der Pfarr-Gemeinde Raumland, die 1845 von Arnold H.G. Eßellen begonnen wurde, Pfarrer in Raumland von 1838 bis 1874

Quelle: Gemeindebüro der Kirchengemeinde Raumland

Walter Schmithals hat die in der Kirchengemeinde vorgefundene Chronik fortge-
führt. Zunächst hat er die Auflistung der Häuser und ihrer Bewohner aktualisiert:

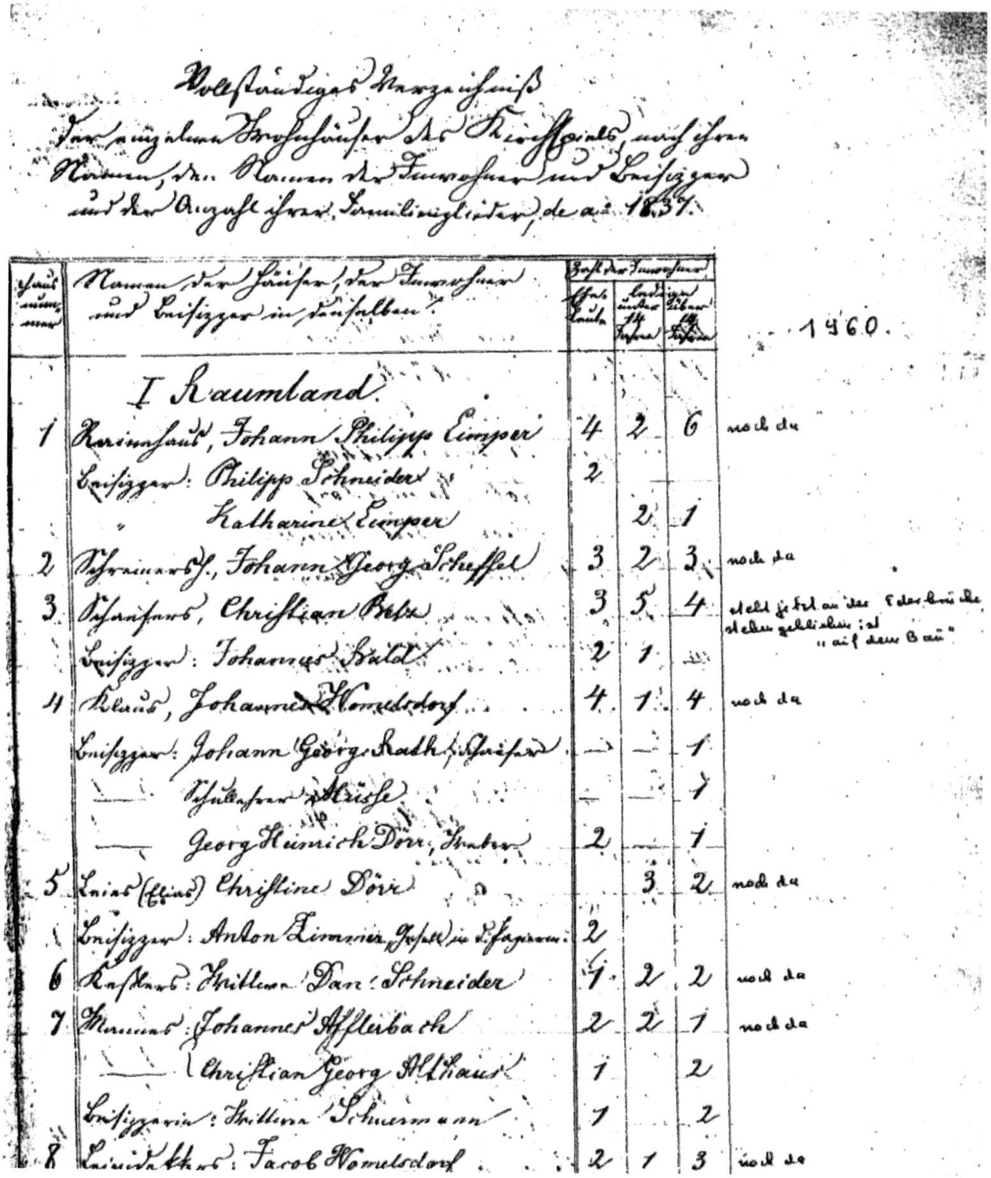

Abb. 51: Ausschnitt von Seite 7 der Chronik der Pfarr-Gemeinde Raumland; am
rechten Rand handschriftliche Ergänzungen von Walter Schmithals

Quelle: Gemeindebüro der Kirchengemeinde Raumland

Ab Chronik-Seite 42 hat Walter Schmithals in zwölf Kapiteln aufgezeichnet, was er zur Geschichte Raumlands aus umfangreichen Quellenstudien zusammengetragen hat. Im Folgenden finden sich einige Auszüge daraus.

Trotz der lesbaren Schrift des Originals sind die Auszüge hier als Abschriften wiedergegeben, Seite 119 ist zusätzlich auch als Abbildung zu sehen. Die Rechtschreibung wurde unverändert übernommen.

Eine Übersicht aller von Walter Schmithals veröffentlichten Aufsätze zum Thema Raumland und Wittgenstein findet sich im Anhang dieses Buches, Seite 170.

Seite 43

Auf den folgenden Seiten habe ich einige Früchte zusammengetragen, die aus der Beschäftigung mit den Kirchenbüchern, den Archivalien und einigen publizierten Quellen erwachsen sind. Die Aufzeichnung erfolgte im März 1964.

I: Die Pfarrer der Gemeinde Raumland

Soweit keine Quellen angegeben sind, beruhen die folgenden Angaben auf eigenem Aktenstudium (Pfarrarchiv, Kirchenbücher, Inschriften).
Im übrigen ist benutzt:

(Goe.) Handschriftl. Chronik des Pfarrers Goebel im alten Archiv (Ti. IX B.)

(Wr.) G. Wrede, Territorialgeschichte der Grafschaft Wittgenstein, 1927

(Hi I) G. Hinsberg, Sayn-Wittgenstein-Berleburg, Band I (1920)

(Ba) Gustav Bauer, die Reformation in der Grafschaft Wittgenstein, 1954

(Chr.) S. 23 f. der vorliegenden Chronik

(Spies) Daniel Spies, Aufzeichnungen von 1890 im neuen Pfarrarchiv

(La) Lagerbuch von 1860 S. 284b

(W) Die Zeitschrift „Wittgenstein"

(Blb.H) Die Gemeindegeschichte Berleburgs von G. Hinsberg, die sich handschriftlich im Berleburger Pfarrarchiv befindet

(Blb.W) Chronik der ev. Gemeinde Berleburg: Zu Geschichte des Schulwesens von Pfr. Winckel, im Pfarrarchiv zu Berleburg

(De) Handgeschriebene Chronik im Besitz des Heinrich Dellori (†), Berghausen (BA C6) Berleburger Archiv Acte C 6

(BA) Berleburger Archiv, Urkunden

Evangelische Pfarrer

1.) Ludgerus Bielfelt
     1534-1550   (De) (La)
     1543   (Ba)
     Er war von der Gräfin Margarete eingesetzt.
     Dabei war offenbar das Pfarrbesetzungsrecht der Junker von Hatzfeld
     nicht berücksichtigt. Der diesbezügliche Brief ist wiedergegeben bei
     (Goe) (vgl. Ba S. 15)
     Er wird 1542 in (BA C 6) Lüttig genannt.

2.) Paul Asphe
     1550-1567   (De)
     1552-1567   (Ba. S. 27)

     Geboren nach (Ba 27; Hi 123) in Laasphe, nach (Goe)
     vermutlich in Assenheim. Er nennt sich selbst den Paulum Asphe
     Laspheusem

     Er wurde von Verwandten, einem frommen Vetter, von Beruf Mes-
     singbrenner, in Donauwörth erzogen. (Ba S. 27; Hi I S. 123)

     Er studierte in Wittenberg bei Luther, wurde Magister und 1538 in
     Wittenberg ordiniert.

     Er wirkt ca. 1542 ff in Regensburg, wo er mit Bucer zusammentrifft
     (Hi I S. 123)

     Ca. 1546 wirkt er in Donauwörth (Hi I 123), wo er vonseiten der
     Katholiken viel leiden muss

Von Raumland geht er als 2. Pfarrer nach Berleburg, wo er 1568 mit
etwa 200 Einwohnern an der Pest stirbt.

Er verfasst eine Auslegung des Propheten Daniel, die 1560 in Pforz-
heim erschienen und in 2 Exemplaren in der West deutschen Bibliothek zu Marburg und in 1 Exemplar in der Universitätsbibliothek zu
Heidelberg erhalten geblieben ist.

Weitere literarische Tätigkeit ist bei (Ba S. 39 f) bezeugt. Im Berleburger Archiv liegt eine umfangreiche zeitgeschichtliche Auslegung eines Abschnittes der Apokalypse des Johannes aus der Feder des Paul Asphe aus 1561, abgeschrieben durch Pfr. Joh. Guden in Girkhausen 1565 und 1566.

Er ist vermutlich Mitverfasser der Kirchenordnungen von 1555, 1563 und 1565. Er war melanchtonisch-bucerisch gesonnen.

Weiteres über ihn siehe bei (Ba. S. 27;39f.; 43; Hi I 123f; Goe). Ferner im Fürstl. Archiv zu Berleburg die Urkunden Nr. 1076; 1249; 1270; 1282; 1292; 1886 (Wr)

...

...

...

Seite 87

Die Schulverhältnisse

unterschieden sich in unserer Gemeinde nicht von denen in den anderen Dörfern des Kreises. Es würde zu weit gehen, das im Archiv seit dem Anfang des 18. Jh. erhaltene Material hier auszubreiten. Einen guten Einblick in die Verhältnisse der Wittgensteiner Schulen vermittelt Werner Wied in mehreren Beiträgen in „Wittgenstein" Jg. 47–49 (1959–1961). Es hat bei uns nicht anders ausgesehen. Dafür nur einige Beispiele und verstreute Notizen:

Beispiel eines unständigen Lehrers:
1818 stirbt in der Melhach, ungefähr 88 Jahre alt, Tobias Wilhelm Schille, „dessen Leben mehrenteils eine beständige Wanderschaft war, der mit unter hin und wieder aber nur kurze Zeit an einem Orte, Schule gehalten". Er stammte aus Völkershausen, Amt Eschwege.

Dass es bis in den Anfang des 19. Jh. nicht gelungen war, die Sommerschule einzuführen, zeigt die Bemerkung aus dem Jahre 1820, dass nur in Raumland im Sommer Schule gehalten würde.

Winckel berichtet (Blb. W. S. 2 f): „…dass die Hirten im Winter Schule hielten, die dann vom Lenzen bis zur Ernte aufhörte. Noch bis zum Jahre 1834 war ein solcher in Dotzlar, der seinen Platz in der Schule so am Ofen nahm, um die kalten Füsse unter demselben zu wärmen, dass er den Kindern den Rücken wandte, und den Hans und (die) Grete dann einzeln mit dem ABC Buch herbeirief: „Sa mal uf". Der nationale Dialekt erhielt sich dabei natürlich unverändert, zum Schreiben kams selten, besonders bei den Mädchen, das Rechnen ging kaum übers Einmal-Eins hinaus, das Singen aber war abscheuliches Gebrüll."
(Winckel war 1833-1838 Pfarrer in Raumland)

In der Tat konnten zu Anfang des 19. Jh. die Mädchen und Frauen im allgemeinen nicht einmal ihren Namen schreiben. Die Beschreibung Winckels lässt die Methode des Einzelunterrichtes erkennen, wie sie in einer Schulordnung vom Ende des 18. Jh., die sich im Pfarrarchiv befindet, sehr instruktiv beschrieben wird.

Nach dieser Ordnung findet die Schule im Winter von 8-11 und von 13-16 Uhr statt. Die Kinder sind in 3 Gruppen (Anfänger – Fortgeschrittene – „Vollendete") eingeteilt.

Die Haupteinkünfte des Lehrers bestanden in der alten Zeit aus dem Reihentisch[58]. Zu seiner Grundausrüstung gehörte also wie für den Hirten der Teller, da er nicht aus der gemeinsamen Schüssel direkt löffeln konnte, wie es die Familie tat.

---

[58] Reihentisch: Die Mahlzeit wird der Reihe nach im Hause der einzelnen Schüler eingenommen.

Nach 1832 erhält der Lehrer (und Hirte) Braun in Dotzlar für das Schule-halten

1.) Zinsen vom Schulvermögen 1 Taler 16 Grosch. 10 ß[59]
2.) freie Wohnung mit Mobilien
3.) freie Beköstigung
4.) Je Kind 6 Silbergroschen, was bei 50 Kindern 10 Taler macht.
     Dies Geld musste er zudem noch selbst erheben.

Im gleichen Jahr erhält sein Sohn in Berghausen jährlich

1.) Aus der Gemeindekasse 20 Taler
2.) Von jedem Haus eine Meste oder ½ Scheffel Hafer
3.) Von jedem schulpflichtigen Kind ¼ Meste oder ⅛ Scheffel Backfrucht
4.) Das Gras von einer Gemeindewiese
5.) Freie Wohnung im Schulhaus
Bei durchschnittlich 95 Kindern beträgt der Wert der Einkünfte ca. 70 Taler

---

1860 erhält der Lehrer ausser der zu 10 Talern veranschlagten Wohnung 90 Taler bar.

In Raumland heisst es 1832 von Lehrer Kuhn:
„Der Schullehrer selbst erhält seit dem Jahr 1828 laut seiner provisorischen Berufung 75 Taler, welche durch Umlage in der Gemeinde erhoben und aus der Casse ihm bezahlt werden sollen.
Er indes mit der Schulgemeinde privatim verträglich sich eingelassen, in der Art, dass ihm die letztere nur jährlich 30 Taler baar aus ihrer Kasse zahlt, freie Wohnung und Beköstigung stellt, welche letztere in seine Wohnung ihm gebracht werden muss, und von den einzelnen Mitgliedern der Schul-gemeinde der Reihe nach geleistet wird."

Auch hier ist der Reihentisch also leicht modifiziert noch beibehalten. In Rinthe-Hemschlar-Balde erhält Kuhn seit 1833 100 Taler, seit 1860 112 Taler.

Aus der Kirchenrechnung 1767 geht hervor, dass der Schulmeister in Raum-land von jedem Kind im Jahr ½ Gulden (=15 albus) bekommt.

Seit 1840 erhält der Lehrer in Raumland Dotzlar 115 Taler.
Der Lehrer in Dotzlar erhält 1879 900.- RM jährlich.

---

[59] ß = Zeichen für Pfennig

1835 schreibt Lehrer Kuhn aus Hemschlar:

„Es hat in Hemschlar bisher die Gewohnheit geherrscht, das Schulzimmer der Reihe nach herum zu gehen. Solches lasse ich mir auch recht gerne gefallen, wenn der Gemeinde etwas dadurch erspart werden kann. Allein das Zimmer muss doch so beschaffen sein, dass der Unterricht dadurch nicht gefährdet wird. Das Schulzimmer jetzt beim Böhl Dilmesmann ist 1.) zu klein, 2.) hat es zu wenig Licht, in dem sich nur zwei Fenster, und zwar beide an einer Seite, daran befinden, und 3.) ist es auch das Wohnzimmer, worin zuweilen noch die Familie am Tische sitzt, wenn die Schule beginnen soll. Haben sich die Leute aber auch schon entfernt, wann der Unterricht anfangen soll, so werden gewöhnlich noch Milchtöpfe aus dem Ofen, von einem Milchbrett oder sonst noch allerhand Sachen aus der Stube geholt. Wenn nun die Kinder eine Zeit so eingepfercht gesessen haben, dann gibt's einen solchen Qualm, dass man Thür und Fenster aufsperren muss; dieser wurde nun heute noch unausstehlicher durch ein Brett voll frischgemachter Käse, welche sich so recht in der Gärung befanden und nahe am Ofen lagen. Ein epidemischer Geruch!"

Seite 90

III: Aufstellung der Vorsänger (seit 1870 Organisten) an der Kirche Raumland

...

Seite 91

IV: Konfirmation

...

Seite 94

V: Schiefergrube

...

VI: Der Umfang der Kirchengemeinde

Bekanntlich ist Raumland die Urpfarre des wittgensteinschen Eder-
gebietes. Dieses Gebiet hat im Osten keine natürliche Grenze, doch
deckte sich die Grenze der Urpfarre dort im wesentlichen mit der heutigen Kreisgrenze.

Über die Gründung der Pfarrei liegen keine Nachrichten vor. Man
geht schwerlich fehl in der Annahme, dass die Gründung unter Karl
dem Grossen erfolgte. Vgl. die Zeitschrift „Siegerland" 32 (1955).

Raumland selbst ist älter. Die alte Namensform Rumelingen in der
ältesten Urkunde aus dem Anfang des 9. Jh. (in Rumelingene marcha)
zeigt schon Anzeichen einer Einwicklung und ist nicht mehr sicher
deutbar.

Manches spricht dafür, dass Raumland eine grundherrliche Siedlung
etwa aus dem 6. Jh. als Vorort der eine fränkische Verwaltungseinheit
darstellenden Mark Raumland ist. Jedoch ist fast alles, besonders das
Verhältnis zu marca und pagus Arfeld unsicher.

Der Hauptaltar der Kirche Raumland war dem hlg. Martin geweiht
(so auch die Urpfarren Netphen, Feudingen, Siegen). Das Martinspat-
rozinium ist Ausdruck des siegreich christianisierenden Frankentums
gegenüber den anderen Stämmen von 500 bis nach den Sachsenkrie-
gen. Vgl. dazu „Studium generale" 3, 1950, S. 145-155

...

...

...

X: Die Kapelle in Dotzlar

XI: Die Kirche Raumland
und ihre Renovierung 1955 – 1959

Die heutige Kirche stammt nach dem übereinstimmenden Urteil der Fachleute aus der Mitte des 13. Jh. Sie gehört zu den südwestfälischen Hallenkirchen, einer originellen Schöpfung dieses Raumes, in der sich der der Romanik fremde Stil der Hallenkirche mit der im übrigen fast reinen, romanischen Architektur verbindet.

Ob dieser Stil im südwestfälischen Raum original entwickelt ist oder ob er fremde Einflüsse (in diesem Fall aus Südfrankreich) verrät, ist umstritten.

Dieser Stilform gehören mehr oder weniger eng (neben anderen) vor allem die folgenden Kirchen an:

Plettenberg	Meinerzhagen
Balve	Elsey
Anröchte	Raumland
Elspe	Siegen (Nicolai)
Ohle	Wenholthausen
Oberholzklau	Wormbach
Ferndorf	Arfeld
Feudingen	Netphen
Affeln	Breidenbach
Krombach	Eversberg
Battenberg	Hirschberg
Hagen bei Arnsberg	Kirchlinde
Weslarn	Bergheim (Waldeck)
Wingeshausen	Girkhausen
Laisa	Holzhausen
Drolshagen	Werdohl

Die Literatur ist spärlich. Zu nennen sind

H.R. Rosemann, Die westf. Hallenkirche in der ersten Hälfte des 13. Jhdt.s.

Köhmstedt,   Die Entwicklung des Gewölbebaus in den mittelalterlichen
                  Kirchen Westfalens, 1914, S. 47 ff., 60 ff

H.R. Rosemann, Die Hallenkirche auf germanischem Boden, ein entwick-
                  lungsgeschichtlicher Versuch. Dissertation München 1924

Seite 118

Rosemann hält die Kirche zu Plettenberg für den Urtyp der südwestf. Hallenkirche und lehnt fremde Einflüsse ab.

Keine der entsprechenden Kirchen ist ein genauer Nachbau der anderen. Die
größte Ähnlichkeit zu der Raumländer Kirche zeigt die Kirche der Urpfarre
Wormbach im benachbarten Sauerland.

Köhmstedt rechnet mit westfränkischem Einfluss und verweist vor allem auf
Perigord.

Seite 119

Von der älteren Kirche waren bisher keine Nachrichten vorhanden. Als jedoch 1958 die Westwand der Kirche bis in die Tiefe des Fussbodens der Kirche aufgegraben wurde, um gegen Feuchtigkeit isoliert zu werden, wurden
Mauerreste gefunden, die offenbar zu der südl. u. nördl. Wand der alten
Kirche gehörten.

Die Mauerstücke haben folgende Lage:

(An diese Stelle befindet sich eine Skizze.)

Die Mauern waren 85 cm dick. Der von ihnen eingeschlossene Raum war
etwa 9 m breit. Ihre Unterkante ging etwa so tief wie das Bodenniveau der
jetzigen Kirche, ihre Höhe betrug noch etwa 1 m. Von der Westwand der
Kirche waren sie etwa 0.50 m entfernt; ihre Entfernung von den Aussenwänden der Kirche ist auf dem Grundriss angegeben. Ihre zur Westwand
zeigende Seite war ungefüge; also waren sie bis zu dieser Seite abgerissen.
Wie weit sie nach Westen verliefen, wurde nicht festgestellt. Darüber können nur Grabungen Aufschluss geben.

Es ist nach diesem Befund anzunehmen, dass die ältere Kirche etwas westlicher als die

Von der älteren Kirche waren bisher keine
Nachrichten vorhand. Als jedoch 1958 die Westwand der Kirche bis i. die Tiefe des Fussbodens der Kirche aufgegraben wurde, um gegen
Feuchtigkeit isoliert zu werden, wurden Mauerreste gefunden, die offenbar zu der südl.
und nördl. Wand der alten Kirche gehörten.
Die Mauerstücke haben folgende Lage:

1. Grundriss

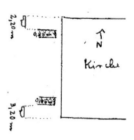

2. Aufriss

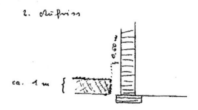

Die Mauern waren 85 cm dick. Der von ihnen
eingeschlossene Raum war etwa 9 m breit. Ihre
Unterkante ging etwa so tief wie der Bodenniveau
der jetzigen Kirche, ihre Höhe betrug noch etwa
1 m. Von der Westwand waren sie der Kirche
waren sie etwa 0.50 m entfernt; ihre Entfernung von den Aussenwänden der Kirche ist
auf dem Grundriss angegeben. Ihre die Westwand zeigende Seite war ungefüge; also waren
sie bis zu dieser Seite abgerissen. Wie weit
sie nach Westen verliefen, wurde nicht festgestellt. Darüber können wir Grabungen Aufschluss geben.

Es ist nach diesem Befund anzunehmen, dass
die ältere Kirche etwas westlicher als die

Abb. 52: Seite 119 der Raumländer Gemeinde-Chronik mit Skizze
Quelle: Gemeindebüro der Kirchengemeinde Raumland

134

jetzige Kirche stand, jedoch in deren Westteil hineinragte. Von diesem Ost-
teil der alten Kirche können sich angesichts des tiefer liegenden Niveaus
unserer Kirche keine Reste mehr erhalten haben. In diesem Zusammenhang
ist interessant, dass die Arbeiter beim Bau des Kohlebunkers in der Süd-
West-Ecke der Kirche im Jahre 1952 unter der Westwand der Kirche und
ausserhalb der später entdeckten Südseite der alten Kirche Gebeine gefunden haben. Diese müssten demnach aus der Zeit vor dem Bau unserer Kirche von dem Kirchhof der alten Kirche stammen.

Der Charakter der alten Kirche lässt sich aus dem spärlichen Befund nicht
im einzelnen bestimmen. Ich weise jedoch darauf hin, dass das Schiff der
alten Kirche in Dautphe, das vorromanisch ist (Saalkirche aus ottonischer(?)
Zeit) eine Mauerstärke von 85 cm aufweist und eine innere Breite von ca.
9m.

Die eben genannte Grabung hat ergeben, dass die Kirche nie einen
Westturm gehabt hat. Auch an der Westwand der Kirche befinden
sich keine Spuren eines Turms. Das Rundfenster gehört allen Anzeichen nach ebenso wie das darunter befindliche Rundbogenfenster
zum ursprünglichen Bau. Das zeigen Bauform und Bauart der Fenster
sowie die Tatsache, dass das 3. Joch der Kirche nie Fenster in den Sei-
tenschiffen gehabt hat. Dies Joch wurde also immer von den beiden
Westfenstern belichtet. Die über dem Rundfenster befindliche, jetzt
zugemauerte, unproportional angebrachte Öffnung oberhalb des Ge-
wölbes ist dagegen deutlich erst später – offenbar von innen und darum unproportional zur Westwand – eingebrochen worden, vermutlich zum Transport der Glocken.

...

XII: Sonstige Daten

Elke Franz: Auch in der Raumländer Kirche wird Walter Schmithals genannt. Es gibt dort eine Tafel, die auf die Ausgrabungen hinweist, die vor einigen Jahren durchgeführt wurden. Er hat so viel für Raumland getan. Auch das ganze Archiv hat er sorgfältig und gründlich geordnet! Das wurde damals schon erwähnt und immer wieder berichtet.

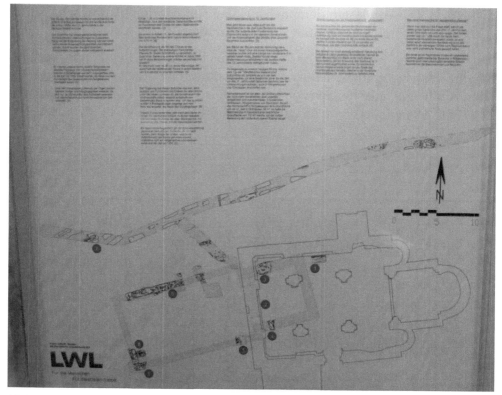

Abb. 53: Tafel des Landschaftsverbands Westfalen-Lippe, LWL-Archäologie für Westfalen in der Raumländer Kirche

Auszug der Beschriftung der obigen Tafel:
„Die Identifizierung als Teil des Chores ist den Aufzeichnungen des ehemaligen Raumländer Pfarrers Dr. Walter Schmithals zu verdanken. Im Zuge einer Sanierung unserer Kirche im Jahre 1958 hat er seine Beobachtungen präzise verzeichnet und skizziert: Er beschrieb zwei ca. 85 cm breite Mauerzüge, die außerhalb der bestehenden Kirche in einem Abstand von 9m parallel zueinander verliefen."

7. Bauarbeiten

Rendant[60] der Gemeinde war Herr Berge aus Berghausen, ehemals Sparkassenbeamter. Er freute sich, dass ich mich für das Rechnungswesen interessierte, und wir haben stets mühelos zusammengearbeitet, so dass es auch angesichts der mancherlei Bauaufgaben nie Probleme gab.

In den 10 Jahren meiner Tätigkeit in Raumland hat die Gemeinde viel gebaut, und ich frage mich noch heute, wie wir das alles in jener Zeit haben bezahlen können. Jedenfalls wurden meine Aktivitäten durch Zuschüsse von Kreissynode, Landeskirche und Denkmalspflege belohnt, und ich habe streng auf sparsame Wirtschaft geachtet

Schon 1953 ging es an den Bau eines **Pfarrhauses in Berghausen**, um einen Pfarrer gewinnen zu können. Den Entwurf machte mein Schwager Walter Schubotz kostenlos. Das Grundstück tauschten wir bei einem Bauern ein. Der Bau kostete 60.000 DM.

Auch die **Kapelle in Dotzlar** wurde renoviert; sie erhielt eine elektrische Speicherheizung.

Dann ging es an die Renovierung der **Kirche in Raumland**. Auch hier hat uns mein Schwager sehr geholfen. Das Gewölbe im Chor war schon in gotischer Zeit eingebrochen und durch eine flache Decke hässlich ersetzt worden. Wir setzten über die ausgewichenen Wände einen starken Sturz und fügten dann das Gewölbe, dessen Zwickel noch erhalten waren, wieder ein. Auf einer Fahrt mit dem Mädchenkreis hatte ich in einer Kirche eine Gewölbebaufirma an der Arbeit gesehen, die ich anschrieb und die mit zwei Maurern die Arbeit ausführte. Dann wurden neue Anker in die Kirche eingezogen, die Löcher in den dicken Pfeilern stemmte Fritz Nipko[61], und die Kirche von Malermeister Leie aus Dotzlar innen ausgemalt – ohne Gerüst, von der Leiter, was die Gewerbeaufsicht nicht wissen durfte. Die Frauen-

---

[60] Rendant: Der Zuständige für die Kassenprüfung der Kirchengemeinde.
[61] Fritz Nipko war ein Flüchtling aus den früheren deutschen Ostgebieten. Er wohnte mit seiner Frau im Pfarrhaus, gemeinsam mit der Familie Schmithals

hilfe bzw. der Mütterkreis reinigte dann die völlig verschmutzte Kirche.

Abb. 54: Blick auf das Dorf während der Bauarbeiten am Gewölbe, ca. 1956
Quelle: Privatbesitz Elke und Hermann Franz

Die drei Glocken, das älteste Geläut Westfalens, hingen in einem niedrigen Anbau an der nördlichen Apsis, wo sie vom Küster geläutet wurden; ob die Kirche ursprünglich, wie ich vermute, einen Turm besaß, ließ sich nicht feststellen.

Abb. 55: Geläut der Pfarrkirche Raumland.
Quelle: „Die Raumländer Kirche" von 2009, herausgegebenen von der Evangelischen Pfarrgemeinde Raumland.

Mein Schwager entwarf einen schönen Dachreiter, der auf dem Zimmerplatz jenseits der Eder gezimmert wurde. Firma Rincker aus Herborn holte die Glocken zur Herrichtung und hängte sie dann wieder auf. Ein elektrisches Schlag- und Läutewerk wurde eingerichtet.

Abb.56: Pfarrkirche Raumland von Norden mit altem Glockenanbau; das Jahr der Aufnahme ist nicht bekannt. (Blick von Süden: siehe Abb. 1, Seite 13)
Quelle: Privatbesitz Elke und Hermann Franz

Abb. 57: Pfarrkirche Raumland von Süden mit Dachreiter und verändertem Hintereingang 1963
Quelle: Privatbesitz Familie Schmithals

Meister Grebe aus Dotzlar deckte das ganze Dach mit Raumländer Schiefer neu. Wir bauten eine Heißluftheizung ein, durch die die beiden Kanonenöfen, die mitten in der Kirche standen, ersetzt wurden. Die Restaurationsarbeiten habe ich - auch mit Fotos aus einer einfachen Kamera - gründlich dokumentiert.[62]

Die Kirche wurde neu verputzt und gestrichen. Sie ist eine Attraktion und ein Schmuckstück.

Abb. 58: Pfarrkirche Raumland von innen 1963.
Quelle: Privatbesitz Familie Schmithals

---

[62] Die Fotos finden sich in der Raumland-Chronik Seite 143 ff im Gemeindehaus in Raumland.

TAGEBUCH-NR.
M.-250/55

MÜNSTER/WESTF., DEN 28.1.1955
FÜRSTENBERGSTRASSE 14 · FERNRUF 37061

2002

Evang. Kirche von Westfalen
Das Landeskirchenamt
Eing -2. FEB. 1955
Anlagen

An die
Evgl. ref. Kirchengemeinde
Raumland /Krs. Wittgenstein

Betr.: Beihilfenantrag für die Restaurierung der Kirche in
Raumland

Bezug: Ihr Antrag vom 3.Januar 1955

Eine Begutachtung der in Ihrem Antrag angeführten Denkmalpflege-
maßnahmen ist z.Zt. arbeitsmäßig noch nicht möglich.

Ich weise jedoch ausdrücklich darauf hin, dass die Arbeiten
nur dann bezuschußt werden können, wenn meine Zustimmung zum
Gesamtprogramm und seinen Ausführungsvorschlägen gegeben ist.
Insbesondere ist die Gestaltung des Chorgewölbes und die
Ausbildung der Dächer noch eingehend zu klären. Der Zusatz von
Binder im Kalkanstrich wird abgelehnt, die Verwendung von Lack-
farben erscheint ebenfalls bedenklich. Ob der vorgesehene
Malermeister aus Berghausen die erforderliche Spezialerfahrung
zur Ausmalung mittelalterlicher Kirchen in Kalktechnik hat, muß
bleibt noch zu klären.

Für die im Antrag angeführten Maßnahmen, abgesehen vom Glocken-
turm, wird bei ausreichender Gesamtfinanzierung zum kommenden Re
Rechnungsjahr 1955 eine Denkmalpflege-Beihilfe des Herrn Kultus-
ministers von DM 12.000,- (zwölftausend DM) in Absprache mit
dem Evgl. Landeskirchenamt, Bielefeld, in Vorschlag gebracht.
Der endgültige Bescheid des Herrn Ministers erfolgt allerdings
erst im Frühjahr.

Ich bitte, den Architekten unter Übersendung einer Zweitschrift d
dieses Bescheides entsprechend zu unterrichten.

gez.: Dr. Rensing

An
die evgl. Kirche von Westfalen, Landeskirchenamt, Bielefeld
das Bauamt der Evgl. Kirche v. Westf., Hagen, Mittelstr. 13
das Staatshochbauamt, Siegen

Vorstehende Durchschrift übersende ich unter Bezugnahme auf die
Beihilfen-Verteilungsvorbesprechung am 6.11.1954 und den Bericht
des Landeskirchenamtes Nr.1912 II /B 8 - c1 (Denkm.) vom
13.12.1954 an den Herrn Kultusminister mit der Bitte um Kenntnis
nahme.

(Dr. Rensing)

Abb. 59: Schreiben des Landeskonservators zur Gewährung einer Denkmalpflege-
Beihilfe
Quelle: Landeskirchliches Archiv Bielefeld Best. 9697

Abb. 60: Elke Franz: Die Raumländer Kirche mit Dachreiter, Ölgemälde, Privatbesitz

Hab und Gut

„Du sollst nicht stehlen" (2. Mose 20,15)

Zum Sinn dieses Gebotes gehört offenbar auch, daß Gott mit ihm unser Hab und Gut schützt, unseren Besitz, unser privates Eigentum. Niemand hat das Recht, uns einfach unser Eigentum fortzunehmen. Auch wenn es ungerecht zu sein scheint, daß der eine mehr hat und der andere weniger, so soll doch das Eigentum jedes einzelnen geschützt sein.

Warum?

Mir scheint, Gott will uns verantwortlich machen können für das, was wir mit unseren Gütern tun. Wo kein persönliches Eigentum ist, ist auch keine persönliche Verantwortung. Indem Gott unser Eigentum schützt, erinnert er uns an die Verantwortung, die wir für die Güter tragen, die er uns gibt.

Wer geht verantwortlich mit seinen Gütern um?

Wer sie dankbar genießt.

Wer keinen Geiz kennt.

Wer aller Verschwendung feind ist.

Wer besser geben kann als nehmen.

Wer überlegt, was er Gutes tun kann mit seinen Gütern.

Wer auch den Pfennig ehrt.

Wer sein Herz nicht hängt an sein Hab und Gut.

Wer die Güter dieser Zeit hat, als hätte er sie nicht.

Pfarrer Dr. Walter Schmithals,
Raumland

Abschrift aus: „Westfälische Rundschau", Regionalausgabe Siegen/Wittgenstein „Sonntagsbetrachtung" vom 13.02.1960

142

Abb. 61: Das alte Pfarrhaus von der Gartenseite Mai 1957
Quelle: Privatbesitz Familie Schmithals

Das **alte Pfarrhaus**[63] bestand aus zwei Teilen, die beide aus dem 18. Jahrhundert stammten: Eichenfachwerk mit Lehm in den Fächern. An zwei Steigekaminen waren die Öfen angeschlossen, die mit Holz und Briketts geheizt werden mussten. Im älteren Teil wurde ich täglich zur Demut angehalten, weil ich durch die Türen und unter den Balken nur gebückt gehen konnte.

Im Pfarrhaus wohnte ein Flüchtlingsehepaar, Fritz[64] und Hella Nipko. Sie waren schon älter und hatten sich erst in Raumland kennengelernt. Er war infolge einer Kinderlähmung behindert und Analphabet, hatte aber kräftige Arme. Sein wichtigstes Werkzeug war eine „Steinschaufel". Seine Frau ging der meinen viel zur Hand, und die Kinder[65] hingen sehr an ihr.

---

[63] Näheres zur Baugeschichte des alten Pfarrhaus in der Raumland-Chronik Seite 105 ff, Gemeindebüro der Ev. Kirchengemeinde Raumland
[64] Es ist jener Fritz Nipko, der mit tatkräftiger Unterstützung bei der Renovierung der Kirche dabei war, s. Seite 137.
[65] Gemeint sind die Kinder von Marlene und Walter Schmithals.

Die Verhältnisse in Raumland boten der wachsenden Kinderschar die besten Möglichkeiten aufzuwachsen, obschon es keinen Kindergarten gab. Das alte Pfarrhaus war für die Kinder geräumig und verlangte keine besondere Schonung. Der Pfarrhof bot Auslauf und einen Sandkasten zum Spielen an. Ich kaufte eine Wippe, und so trafen sich dort auch viele Kinder aus dem Dorf, wie umgekehrt die verwinkelten Dorfgassen zum Vagabundieren lockten. Die nahe Eder hatte im Sommer Wasser und im Winter eine Eisbahn.

Im Winter 1953/54 war die Wasserleitung eingefroren; kurz vor Gesines[66] Geburt am 26. Februar 1954 floss das Wasser glücklicherweise wieder. Wir hatten bald darauf endlich ein Badezimmer mit einem Badeofen, der samstags (mit Briketts) geheizt wurde - bis dahin mussten wir uns mit dem Waschbecken in der Küche begnügen. Nach einigen Jahren konnten wir eine Heizung anlegen, die vom Küchenherd aus geheizt wurde - vor allem für Marlene eine gewaltige Erleichterung.

Abb. 62: Die fünf in Raumland geborenen Kinder von Walter und Marlene Schmithals 1963, fotografiert in einem Zimmer des alten Pfarrhauses vor einer Tür mit schönen alten Beschlägen.
Quelle: Privatbesitz Familie Schmithals

---

[66] Gesine: Die älteste Tochter von Marlene und Walter Schmithals

Mit der wachsenden Kinderschar nahmen wir langsam vom ganzen Haus Besitz, und als Frau Nipko ausgezogen war[67], hatten wir genügend Raum. Breite gestrichene Holzdielen, aus deren breiten Ritzen die Mäuse kamen, konnten wir langsam durch angemessene Fußböden ersetzen.

Der Konfirmandenraum lag im ältesten Teil des Pfarrhauses aus dem Beginn des 18. Jahrhunderts. Er besaß einen dicken Steigekamin und in der Mitte einen hölzernen Pfeiler, der den Deckenbalken stützte und allem und jedem im Weg stand. Wir ersetzten ihn durch einen schweren Eisenträger, so dass man nun auch einen großen Tisch für die Frauenhilfe aufstellen konnte.

Als mein Abschied von Raumland nahte, beschlossen wir den Bau eines neuen Pfarrhauses, der auch ausgeführt wurde, während wir noch in Raumland wohnten.

Für das neue Pfarrhaus benötigten wir im Tausch eine Grundfläche von der politischen Gemeinde, darunter ein Stück der einstigen Straße von Raumland nach Markhausen, die nördlich der Kirche über den Pfarrhof und am Friedhof vorbei führte. Sie wurde längst nicht mehr benötigt und war vergessen, nur der „alte Kroh aus Schreiners" benutzte sie, wenn er von seinem Haus an der Eder zu einem Acker ging. Er wehrte sich dagegen, dass die politische Gemeinde den vergessenen Weg einzog und er nun einen Schlenker über den Friedhof machen musste. Bürgermeister Graf setzte sich gegen ihn durch. Fritz Graf war ehrenamtlicher Bürgermeister. Nach 1933 war er als „Nazi" aus der Kirche ausgetreten; nach 1945 trat er wieder ein; er war jetzt „Sozi", alles ohne Ideologie. Er kümmerte sich „väterlich" um das Dorf, und ich habe mich prächtig mit ihm verstanden.

Etwa 100 Jahre zuvor hatte der damalige Pfarrer am nördlichen Rand des Friedhofs, an jener damals noch benutzten Straße entlang, eine Reihe Fichten pflanzen lassen, die sich inzwischen zu kräftigen Stämmen entwickelt hatten. An einem Samstag beobachtete ich aus meinem Arbeitszimmer, wie es draußen stürmte und wehte und der

---

[67] Hella Nipko war inzwischen verwitwet. Ihr Mann, Fritz Nipko, starb 1958. Hella Nipko zog zu ihrem Bruder nach München.

Wind die Schieferplatten am Kirchendach klappern ließ. Plötzlich kippte die Reihe der Fichten, eine nach der anderen, langsam um, und wie sie vorher standen, so lagen sie nunmehr einträchtig nebeneinander. Immerhin brachten sie der Kirchenkasse in diesem Zustand 3.000 DM ein, die uns für die Bauaufgaben sehr willkommen waren.

Schließlich erwarben wir ein Bauernhaus, das an den Pfarrhof grenzte und von seinen Bewohnern aufgegeben wurde; ein Schlesier mit Namen Rau hatte dort eingeheiratet. Der Hausname war „Stephes" (= Stephans). Dort wurde nach meinem Weggang ein Gemeindehaus errichtet. Ich sicherte beim Abbruch noch den Balken mit dem Bibelspruch, der jetzt den Gemeindesaal passend schmückt.

Abb. 63: Blick auf das Dorf Raumland von der Hörre aus 1964. Auf der linken Seite vor der Kirche ist das im Bau befindliche Gemeindezentrum zu erkennen.
Quelle: Privatbesitz Hermann und Elke Franz

8. Wissenschaftliche Arbeiten

8.1 Promotion

Im Herbst 1950 besuchte ich Bultmann und schlug ihm vor, über „Die Gnosis in Korinth" zu promovieren. Er meinte, das sei doch zu eng, und schlug als Thema vor: „Die Gnosis im Neuen Testament". Da ich indessen schon genauere Vorstellungen hatte, akzeptierte ich seinen Vorschlag mit der Maßgabe, dass ich mit der Gnosis in Korinth beginnen würde, was ihm einleuchtete. Im Winter 1950/51 verfasste ich das Manuskript meiner Dissertation[68], die ich in den Monaten vorher im Verlauf von Literaturstudien und der Exegesen im Kopf bereits konzipiert hatte. Ich hoffte, während des zweijährigen Vikariats[69] das Manuskript abrunden zu können, und wollte dann die Dissertation im 2. Examen an die Stelle der Hausarbeit treten lassen. Als ich mein Vikariat in Minden antrat, war die Arbeit im Prinzip fertig.

Am 14. September 1951 sandte ich das Manuskript an Bultmann, und er bestätigte den Eingang. Am 11. Mai 1952 schrieb Bultmann, er habe meine Arbeit während seiner Kur in Wiesbaden gelesen. So konnte ich, als ich mich Anfang August zum 2. Examen meldete, beantragen, dass mir die Dissertation als Hausarbeit angerechnet werden möge.

Am 16. Juni war ich in Marburg bei Bultmann zur Aussprache über die Arbeit. Wir diskutierten drei Stunden lang, und ich war etwas verwundert, dass er mancherlei, was ihm nicht einleuchtete, in seinem Sinn geändert oder ausgelassen haben wollte. So mußte ich einen Exkurs über „Zwei gnostische Glossen im 2. Korintherbrief" auslassen, den ich später als selbständigen Aufsatz veröffentlichte. Es wurde notwendig, die ganze Arbeit noch einmal durchzuarbeiten, Bultmanns Korrekturen zu berücksichtigen und meine Ergänzungen einzuarbeiten und alles erneut abzuschreiben. Dies geschah mit Marlenes Hilfe im Wesentlichen in den Sommerferien.

---

[68] Titel der Dissertation: „Die Gnosis in Korinth"
[69] Vikariat: 1952/1953 in Minden an der Petrikirche bei Dr. Reinhardt Freese.

Theologie

„Verstehst du auch, was du liesest?"
Er aber sprach: „Wie kann ich so mich nicht jemand anleitet." (Apg. 8,30f)

An unseren Universitäten wird neben Medizin und Jura, Technik und Philosophie auch Theologie gelehrt. Manche werden sich schon oft gefragt haben, wieso die Theologie denn eigentlich eine Wissenschaft ist.

Nun, die Theologie hat – wie jede Wissenschaft – ihren bestimmten Gegenstand. Der Gegenstand der Theologie ist die Bibel. Die Bibel ist ein altes Buch. Jahrtausende werden von ihr umfaßt, über ein Jahrtausend ist an ihr geschrieben worden, seit fast 2000 Jahren blieb sie unverändert. Kein Wunder, daß es uns oft so geht wie dem Finanzminister aus Abessinien, der vor fast 2000 Jahren in der Bibel las und feststellte: Das verstehe ich nicht, wenn mich nicht jemand anleitet.

Das ist die Aufgabe der theologischen Wissenschaft: Anleitung geben, das Wort der Bibel auch heute noch zu verstehen. Die Theologie versucht, eine Brücke zu schlagen von den Menschen, der Zeit, dem Weltbild, den Problemen damals zu dem modernen Menschen, zu unserer Zeit, dem gegenwärtigen Weltbild, zu den heutigen Problemen, um auf dieser Brücke das Wort der Bibel verständlich zu erhalten.

Wir sollten die Aufgabe der Theologie nicht gering achten. Ohne sie würde die Bibel ein schweigsames Buch.

Dr. Walter Schmithals, Raumland

Abschrift aus: „Westfälische Rundschau", Regionalausgabe Siegen/Wittgenstein „Sonntagsbetrachtung" vom 31.08.1963

Am 18. September 1952 reichte ich sie bei der Fakultät ein. 200,- DM waren als Prüfungsgebühren zu überweisen – ein dicker Brocken. Am 21. November 1952 schrieb mir der Dekan, Prof. Siegfried, dass mein Verfahren nicht eröffnet werden könne, da ich nicht mindestens sechs Semester an einer staatlichen Fakultät studiert hatte. Ich müsse zwei Semester nachholen; man sei mit einem Gasthörerstatus zufrieden, doch müsse ich Zeugnisse über gehörte Vorlesungen und abgeleistete Übungen vorlegen.[70] Die Promotionsordnung verlangte allerdings nur den „Nachweis über ein achtsemestriges Studium an einer deutschen oder gleichwertigen außerdeutschen Hochschule"! Ich erhielt die Arbeit ungelesen zurückgesandt.

---

[70] Walter Schmithals studierte die ersten vier Semester an der Kirchlichen Hochschule Wuppertal, die nicht als Universität anerkannt war. Je zwei Semester studierte er anschließend an der Universität Marburg und an der Universität Münster.

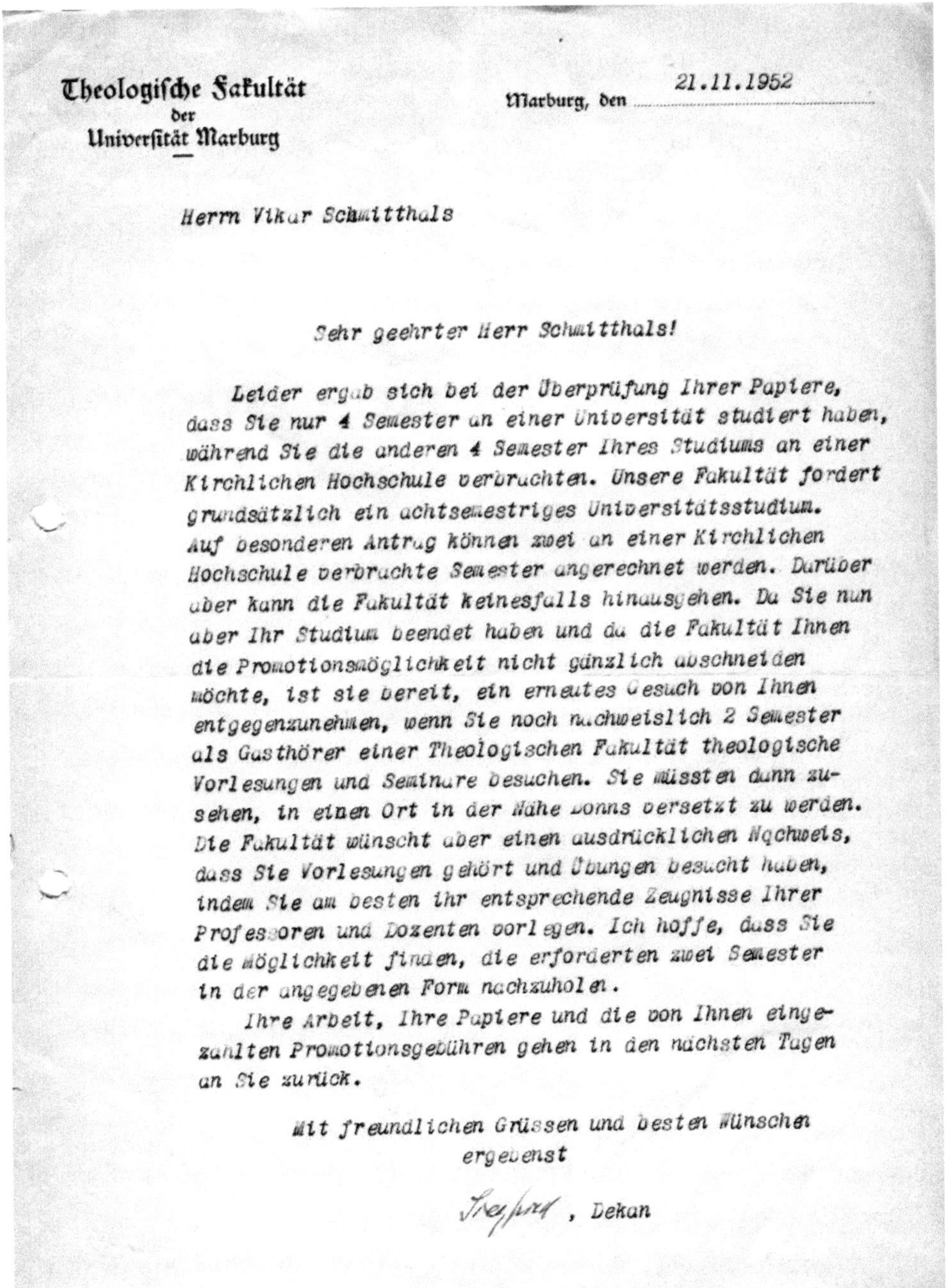

Theologische Fakultät
der
Universität Marburg

Marburg, den 21.11.1952

Herrn Vikar Schmitthals

Sehr geehrter Herr Schmitthals!

Leider ergab sich bei der Überprüfung Ihrer Papiere,
dass Sie nur 4 Semester an einer Universität studiert haben,
während Sie die anderen 4 Semester Ihres Studiums an einer
Kirchlichen Hochschule verbrachten. Unsere Fakultät fordert
grundsätzlich ein achtsemestriges Universitätsstudium.
Auf besonderen Antrag können zwei an einer Kirchlichen
Hochschule verbrachte Semester angerechnet werden. Darüber
aber kann die Fakultät keinesfalls hinausgehen. Da Sie nun
aber Ihr Studium beendet haben und da die Fakultät Ihnen
die Promotionsmöglichkeit nicht gänzlich abschneiden
möchte, ist sie bereit, ein erneutes Gesuch von Ihnen
entgegenzunehmen, wenn Sie noch nachweislich 2 Semester
als Gasthörer einer Theologischen Fakultät theologische
Vorlesungen und Seminare besuchen. Sie müssten dann zu-
sehen, in einen Ort in der Nähe Bonns versetzt zu werden.
Die Fakultät wünscht aber einen ausdrücklichen Nachweis,
dass Sie Vorlesungen gehört und Übungen besucht haben,
indem Sie am besten ihr entsprechende Zeugnisse Ihrer
Professoren und Dozenten vorlegen. Ich hoffe, dass Sie
die Möglichkeit finden, die erforderten zwei Semester
in der angegebenen Form nachzuholen.
Ihre Arbeit, Ihre Papiere und die von Ihnen einge-
zahlten Promotionsgebühren gehen in den nächsten Tagen
an Sie zurück.

Mit freundlichen Grüssen und besten Wünschen
ergebenst

Seepad , Dekan

Abb. 64: Schreiben der Theologischen Fakultät in Marburg an Walter Schmithals
vom 21.11.1952

Quelle: Nachlass Walter Schmithals

Heute würde man an einen Prozess denken und sein verbrieftes Recht einklagen; damals ist mir dieser Gedanke nicht gekommen. Meine Arbeit geriet also in den Prestigekampf zwischen Fakultäten und Kirchlichen Hochschulen bzw. Kirchenleitungen, der damals lebhaft in Gang war. Bultmann konnte daran nichts ändern. Er schrieb mir: „Es ist die Angst vor dem Präzedenzfall (überall in der Welt scheint heute die Angst zu regieren, im Kleinen wie im Großen!), die die Ausnahme nicht zulassen will."

Ein modernes Buch

„Was aber zuvor geschrieben ist, das ist uns zur Lehre geschrieben" (Rm. 15,4).

In der Tat, die Bibel ist „zuvor geschrieben", lange, bevor wir lebten. Teile der Bibel sind 3000 Jahre alt, andere 2000, und noch die jüngsten Abschnitte sind vor 1800 Jahren geschrieben.

Wieso sind sie u n s zur Lehre geschrieben? Heute sind doch ganz andere Zeiten als damals. Haben wir nicht ganz andere Probleme? Hat die Welt sich nicht total verändert? Was sollen wir mit Worten anfangen, die am Ausgang der Steinzeit oder am Ende der Bronzezeit geschrieben wurden? Ist die Bibel nicht veraltet?

Gewiß, vieles hat sich verändert. Aber das Entscheidende ist gleich geblieben: der Mensch. Und e r ist das eigentliche Problem aller Zeiten. Kain nahm einen Stein zur Hand. Was wird er damit tun? Ein Haus bauen oder seinem Bruder den Kopf einschlagen? Wir haben die Atomkräfte. Was werden wir damit tun? Die Menschen glücklicher machen oder die Welt zerstören?

Das wahre Problem dieser Welt ist der Mensch. Er ist derselbe geblieben im Wandel der Zeiten. Darum ist die Bibel auch allezeit ein modernes Buch. Denn der Bibel geht es um den Menschen, um Gottes Wort an die Menschen, um Gottes Handeln mit den Menschen.

Der Bibel geht es um Kain, um Abraham, um Paulus, um dich. Wir sollten ihre Schüler bleiben.

Pfarrer Dr. Walter Schmithals, Raumland

Abschrift aus: „Westfälische Rundschau", Regionalausgabe Siegen/Wittgenstein „Sonntagsbetrachtung" vom 16.12.1961

Ich fand Verständnis bei der Kirchenleitung! Nach manchen Überlegungen anderer Art (Bonn; Münster; Göttingen) teilte mir OKR Brandes in einem freundlichen Brief mit, man wolle mich nach dem 2. Examen als Hilfsprediger nach Raumland senden, dessen Pfarrstelle seit einem Jahr vakant war; von dort aus könne ich Marburg gut erreichen.

19. Februar 1953

3414 Pers.Schmithals

abges 21.2.53 M

Lieber Bruder Schmithals!

Herr Oberkirchenrat Lic. van Randenborgh leitete mir Ihren Schriftwechsel mit Herrn Professor Bultmann zu. Das ist ja ein offenbares Pech, daß sie jetzt noch nicht promovieren können. Da Herr Oberkirchenrat Lic. van Randenborgh z.Zt. eine Freizeit abhält. habe ich mit Herrn Oberkirchenrat Niemann heute gesprochen, nachdem er nach seiner Erkrankung heute wieder im Landeskirchenamt erschien. Er wird ja sowieso für Sie nach dem 2. Examen für Ihre Einweisung als Hilfsprediger zuständig sein. Wir sind nun übereingekommen, Sie nach Ablegung des 2. Examen nach Raumland im Kreis Wittgenstein zu entsenden. von dort können Sie nach Marburg fahren, um als Gasthörer an der Universität an Vorlesungen und Übungen teilzunehmen.

In Raumland hätten sie eine so gut wie selbständige Arbeit zu verrichten. Sie wissen vielleicht, daß früher Bruder Knies, der jetzt in Wermelskirchen ist, diese Gemeinde durch lange Jahre verwaltet hat. Er hat dort eine recht gute Arbeit getan. Leider ist es bis jetzt noch nicht möglich gewesen, für Raumland einen neuen Pfarrer zu bekommen. So bleibt also nichts anderes übrig, als die Stelle zunächst mit einem Hilfsprediger zu besetzen und dieser sollen Sie sein. Herr Superintendent Kressel und auch die anderen Wittgensteiner Brüder werden sich freuen, daß endlich nach dem 2. Examen eine Hilfe für Raumland kommt. Im Jahre 1951 haben wir in Raumland eine 2. Pfarrstelle gegründet. Diese ist aber noch nicht besetzt. Z.Zt. arbeitet in Raumland ein älterer Prediger, mit dem sie, da die Gemeinde recht groß ist, weiter zusammen arbeiten müßten. Die Gemeinde selbst ist eine Wittgensteiner Landgemeinde in der Nähe von Berleburg. sie

hat

1.)

Herrn
Vikar Schmithals
Elberfeld
Predigerseminar
Mainzerstr.

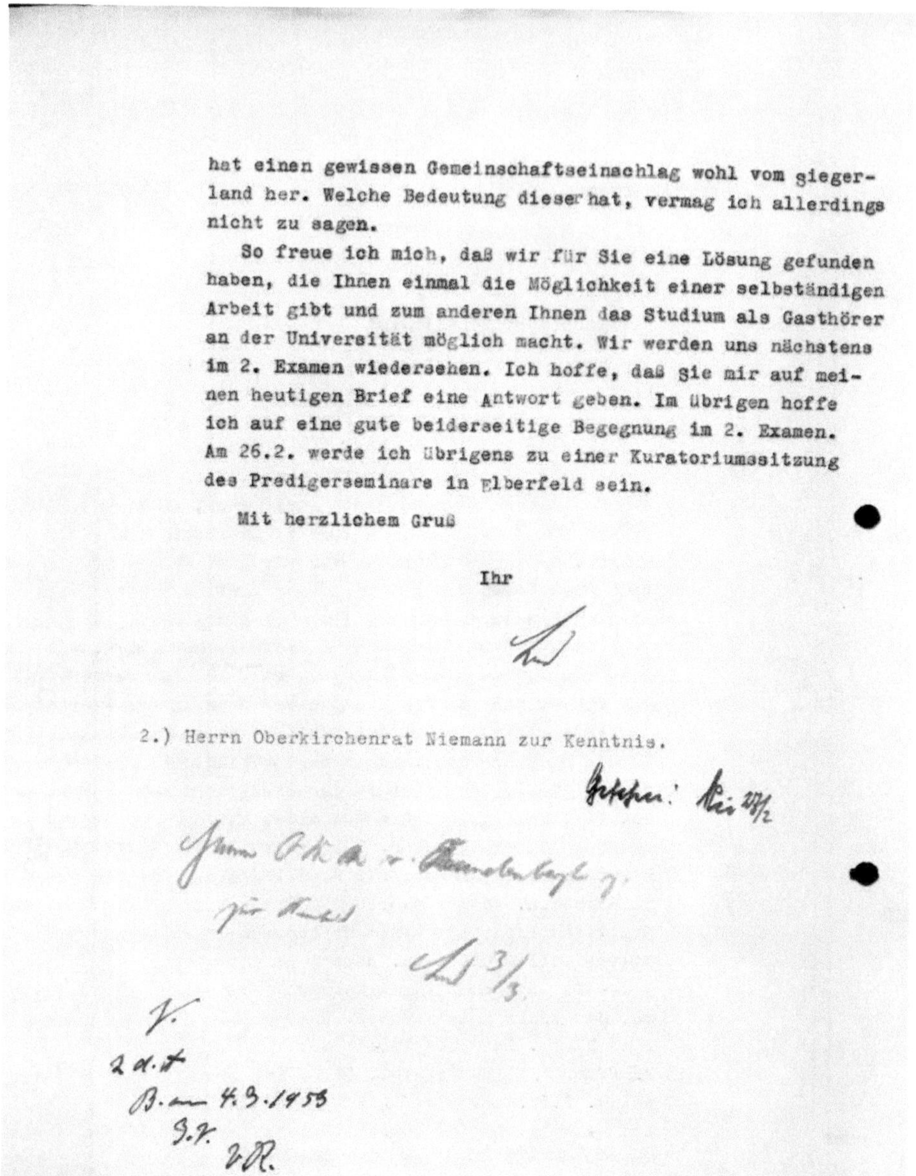

hat einen gewissen Gemeinschaftseinschlag wohl vom Siegerland her. Welche Bedeutung dieser hat, vermag ich allerdings
nicht zu sagen.

So freue ich mich, daß wir für Sie eine Lösung gefunden
haben, die Ihnen einmal die Möglichkeit einer selbständigen
Arbeit gibt und zum anderen Ihnen das Studium als Gasthörer
an der Universität möglich macht. Wir werden uns nächstens
im 2. Examen wiedersehen. Ich hoffe, daß Sie mir auf meinen heutigen Brief eine Antwort geben. Im Übrigen hoffe
ich auf eine gute beiderseitige Begegnung im 2. Examen.
Am 26.2. werde ich übrigens zu einer Kuratoriumssitzung
des Predigerseminars in Elberfeld sein.

    Mit herzlichem Gruß

            Ihr

2.) Herrn Oberkirchenrat Niemann zur Kenntnis.

Abb. 65 (vorherige Seite) und 66 (oben): Erste und zweite Seite des Schreibens von
Oberkirchenrat Wilhelm Brandes vom 19.2.1953 mit der Ankündigung, Walter
Schmithals nach Raumland zu entsenden. Zu Beginn seines Schreibens erwähnt er
den Oberkirchenrat Lic. Gottfried van Randenborgh (1894–1964)

Quelle: Archiv EKvW Bielefeld Best. 1 Nr. 2842

Im Sommersemester 1953 und im folgenden Wintersemester schrieb ich mich noch einmal an der Theologischen Fakultät in Marburg ein, besuchte freilich mit einiger Regelmäßigkeit nur das Seminar von Balla[71] über Deuterojesaja. Danach reichte ich erneut meine Dissertation ein. Nachdem diese angenommen worden war, fand am 25. November 1954 – auch Datum der Promotionsurkunde – nachmittags die mündliche Prüfung, das Rigorosum, statt.

Ich fuhr bei trübem Wetter mit dem Motorrad von Raumland nach Marburg. Ich hatte in den Wochen vorher die Prüfer zu besuchen und über mögliche Prüfungsthemen zu sprechen. Bei Benz[72] gab ich im Hinblick auf die Raumländer Geschichte „Bonifazius" an. Vor der Prüfung fing er mich ab und wollte von mir wissen, was wir vereinbart hätten. In der Prüfung hatte ich nicht viel zu sagen, weil meist Benz redete.

Im Alten Testament prüfte Würthwein[73], der neu nach Marburg gekommen war; er fragte mich, wie man denn in Marburg zu prüfen pflege, was ich ihm aber auch nicht sagen konnte! Wir vereinbarten die Psalmen, und da ich einen Text bekam, der mir aus Ballas Repetitorium vertraut war, lief die Prüfung ganz ordentlich.

Siegfried[74] prüfte Dogmatik; er fragte mich im Vorgespräch, ob ich sein (umfangreiches) Buch gegen die dialektische Theologie gelesen hätte, was ich, wie er nicht anders erwarten konnte, verneinen musste – ich kenne niemanden, der es gelesen hat. Nach der Prüfung erzählte mir der Seminarassistent, der im Vorraum des Prüfungszimmers saß, Siegfried habe, als er bei ihm vorbeikam, gesagt, er wolle mich nach der Bedeutung der Dogmatik fragen, von der ich als Schüler Bultmanns ja nichts halten könne. Als er nach der Prüfung wieder vorbeikam, habe er gesagt: Er hat aber gewusst, warum nicht.

An die Prüfung in Praktischer Theologie bei Horst[75] erinnere ich mich nicht mehr.

---

[71] Emil Balla (1885–1956) evangelischer Theologe
[72] Ernst Wilhelm Benz (1907–1978): evangelischer Theologe
[73] Ernst Würthwein: (1909–1996): evangelischer Theologe
[74] Theodor Siegfried (1894–1971): evangelischer Theologe
[75] Prof. D. Johannes Horst

Bultmann prüfte eine Stunde hin und her im Neuen Testament; das Gespräch lief glatt, und ich konnte auch eigene Gedanken entwickeln. Nur als er mir einen Text aus dem Corpus Hermeticum vorlegte, versagte ich einigermaßen. Er wollte wissen, was στοιχεῖα im Ursinn bedeutet und machte mit den Fingern einer Hand Schritte auf dem Tisch; die Antwort „Schritte" wusste ich aber nicht, weshalb er mir, wie er mir danach erzählte, als Note nur *magna* statt *summa* geben wollte; die Kollegen hätten aber das *summa* durchgesetzt. Nach der Prüfung lud er mich noch zu einem Glas Wein im Café Vetter ein, wo er mir auch anbot, die Doktorarbeit in den von ihm herausgegebenen „Forschungen" drucken zu lassen. Dann fuhr ich nach Raumland zurück, zufrieden und erleichtert, und wurde von Marlene freudig empfangen.

Nach einigem geschäftlichen Hin und Her erschien die Arbeit unter dem Titel „Die Gnosis in Korinth" Anfang 1956 bei Vandenhoeck & Ruprecht in Göttingen in einer Auflage von 1.000 Exemplaren in der von Bultmann herausgegebenen angesehenen Reihe „Forschungen zur Religion und Literatur des Alten und Neuen Testaments". Ruprecht verlangte einen Zuschuss von 2.256 DM; er kalkulierte mit einem Absatz von 275 zum Ladenpreis von 22,40 DM verkauften Exemplaren. Balla vermittelte mir dazu eine Beihilfe des Marburger Universitätsbundes, dem ich aus Dank beitrat, von 1.000 DM. Die Arbeit wurde ein wissenschaftlicher Erfolg; Bultmann stand damals auf der Höhe seines Einflusses, und davon profitierte ich mit meinem Bultmann-nahen Thema, zumal „Gnosis" überhaupt und speziell „Gnosis im Neuen Testament" seinerzeit ein aktuelles Thema war. Inzwischen bestreitet man weithin, dass es überhaupt eine vorchristliche Gnosis gegeben habe, ein m. E. wissenschaftlich unhaltbares Urteil. Eine Anfrage der Wissenschaftlichen Buchgesellschaft gab mir erfreulicherweise 1984 die Gelegenheit, meine Position noch einmal umfassend darzustellen und zu begründen: „Neues Testament und Gnosis". Dies Buch blieb bis 1994 im Vertrieb, verkauft wurden mehr als 2.000 Exemplare.

Mit dem wissenschaftlichen Erfolg der „Gnosis in Korinth" verband sich der geschäftliche. 1965 erschien die 2., 1969 die 3. Auflage. Von den insgesamt 3.000 Exemplaren sind fast alle verkauft worden

(1998 erlosch die Abrechnung durch den Verlag; der Preis des Buches war auf 88,- DM gestiegen. Der geschäftstüchtige Verleger Günther Ruprecht wurde am 17. Februar 1998 hundert Jahre alt). Den Zuschuss erhielt ich von Ruprecht vertragsgemäß zurück, so dass mir auch die Beihilfe des Marburger Universitätsbundes zufiel, und an Honoraren habe ich schätzungsweise 10.000 DM eingenommen, Grundlage dafür, dass wir uns 1967 in Marburg ein Haus bauen konnten.

Zum Promotionsverfahren gehörte (damals noch) auch eine Promotionsvorlesung, die ich am 12. Mai 1955 über das Thema „Die Häretiker in Galatien" vor einem vollen Hörsaal hielt. Nach der Vorlesung sprach mich Walther Eltester[76] an und erbat das Manuskript für die „Zeitschrift für die neutestamentliche Wissenschaft", deren Herausgeber er war. Dies Angebot war mir natürlich hoch willkommen. Der Aufsatz erschien 1956 etwa zeitgleich mit der Dissertation. Ihm folgten entsprechende Aufsätze zu den anderen kleinen Paulusbriefen, die ich später für meine Habilitation verwendete und 1965 parallel zur 2. Auflage der „Gnosis in Korinth" bei Herbert Reich[77] in Hamburg gesammelt drucken ließ. Ich hätte sie lieber auch in den „Forschungen" untergebracht, die aber keine Nachdrucke aufnahmen.

Bei diesen kleineren Arbeiten vertiefte ich mich, die entsprechenden Ausführungen in der Dissertation fortsetzend, in die Literarkritik der Paulusbriefe. Ich habe dies Thema auch weiterhin traktiert und 1984 zu einem gewissen Abschluß gebracht („Die Briefe des Paulus in ihrer ursprünglichen Form"). Meine Penetranz bei dieser Thematik der Literarkritik hat insgesamt eher Widerstand hervorgerufen. Spöttisch heißt es, nach meiner Meinung habe Paulus nur Postkarten geschrieben.

Jedenfalls ist im Laufe der Zeit die Bereitschaft zur literarkritischen Behandlung der Paulusbriefe deutlich gesunken, so dass ich, nachdem ich von den Studenten in Bethel immerhin zu einem entsprechenden Vortrag gebeten worden war, kürzlich noch einmal, meinen Standpunkt behauptend, grundsätzlich zu diesem Thema Stellung bezogen

---

[76] Walther Eltester (1899–1976): evangelischer Theologe
[77] Inhaber des – nicht mehr existierenden – Evangelischen Verlags Hamburg-Bergstedt

habe („Methodische Erwägungen zur Literarkritik der Paulusbriefe",
ZNW 1996). Und die Festschrift von Günter Klein[78] handelte 1998
„unbelehrbar" von der „Literarkritische Analyse des Kolosserbriefes".

Abb. 67: Walter Schmithals
am Schreibtisch in seinem
Raumländer Arbeitszimmer
Quelle: Privatbesitz Fam. Schmithals

---

[78] Günter Klein (1928–2015): evangelischer Theologe, Freund von Walter Schmithals
aus Marburger Studientagen. Nicht zu verwechseln mit dem Berghäuser Pfarrer
Günther Klein, ebenfalls ein ehemaliger Studienkollege.

8.2 Habilitation

Im Hinblick auf eine mögliche Habilitationsschrift verfasste ich – wann genau? – das Buch über „Das kirchliche Apostelamt". Während der Arbeit stand ich in regen Austausch mit Günter Klein[79], der an seiner Dissertation „Die zwölf Apostel" saß, die 1961 erschien. Ich legte es Bultmann vor, der mit der Arbeit im Prinzip einverstanden war und sie seinem Nachfolger Kümmel[80] empfahl. Von diesem erhielt ich indessen die Nachricht, dass er der Fakultät die Annahme nicht werde empfehlen können. Das Buch ist daraufhin 1961 von Bultmann in den „Forschungen" herausgegeben worden; die rund 1.000 gedruckten Exemplare sind im Sog der „Gnosis von Korinth" auch abgesetzt worden und erbrachten ein Honorar von etwa 2.000 DM. Dies Buch hat im Einzelnen zweifellos mancherlei Schwächen, doch halte ich die Grundthese nach wie vor für richtig, dass der „Apostel" ursprünglich in einer jüdischen Gnosis zuhause war. In die 2. Auflage der „Gnosis in Korinth" habe ich einen darauf bezogenen Abschnitt aufgenommen.

Ich habe im Zusammenhang mit dieser Arbeit gelernt, dass die vorpaulinische jüdische Gnosis keinen „Erlösermythos" kannte, wie Bultmann voraussetzte und auch ich in der 1. Auflage der „Gnosis in Korinth" noch angenommen hatte, also nicht die Gestalt des *einen* irdisch wirkenden himmlischen Gesandten, die erst ursprünglich christlich ist. Vielmehr ist „Christus" Bezeichnung des in die Materie gefallenen Urmenschen, der sich durch seine *vielen* „erweckten" Glieder, darunter vorab die „Apostel", selbst erlöst. In diesem Sinn habe ich auch die 2. Auflage der „Gnosis in Korinth" im Hinblick auf die religionsgeschichtlichen Hintergründe der paulinischen „Christusmystik" korrigiert. Man hat im allgemeinen diese Korrektur nicht (mehr) zur Kenntnis genommen und weiterhin oft gegen meine Konzeption eingewandt, Bultmanns Vorstellung von dem vorchristlichen Erlösermythos sei, was wohl zutrifft, eine nicht haltbare Konstruktion.

„Das kirchliche Apostelamt" wurde 1969 ins Englische übersetzt,

---

[79] Günter Klein: siehe Anmerkung Seite 156
[80] Werner Georg Kümmel (1905–1995): evangelischer Theologe

und zwar als eine Probearbeit von John E. Steely, der 1971 auch „Die Gnosis in Korinth" und 1972 „Paulus und die Gnostiker" übersetzte. (Er starb 1986. Ich denke dankbar an ihn.) Für die Übersetzung hatte ich „Das kirchliche Apostelamt" spürbar bearbeitet, so dass die englische Fassung eine deutlich korrigierte und verbesserte Auflage der deutschen darstellt. Schon 1965 war „Paulus und Jakobus" (aus meiner Habilitationsschrift) in Englisch erschienen.

Bei seiner Ablehnung von „Das kirchliche Apostelamt" hatte Kümmel geschrieben, er würde eine andere Arbeit von mir vorurteilslos prüfen. Da er meine Dissertation positiv bewertet hatte, hielt ich es für richtig, eine Arbeit in dieser „Richtung" anzufertigen, so dass es ihm schwer werden würde, *methodische* Bedenken vorzutragen. Diese Rechnung ging auf. Ich legte ihm darum meine schon veröffentlichten Arbeiten über die kleinen Paulusbriefe vor, zusammen mit einer neu erarbeiteten Untersuchung über „Paulus und Jakobus", die 1963 in den „Forschungen" erschien, die inzwischen von Käsemann[81] und Würthwein herausgegeben wurden. (Von diesem Buch wurden bis 1988 etwa 1.100 Exemplare abgesetzt.)

Es geht dabei um eine Neubestimmung der urchristlichen „Parteiverhältnisse": Wie Baur[82] erkenne ich in den Paulusbriefen *einen* durchgehenden Gegensatz, nicht aber den Gegensatz Paulus (Heidenchristentum) zu Petrus/Jakobus (Judenchristentum), sondern den Gegensatz zu einer judenchristlichen Gnosis, während das Verhältnis zwischen Paulus und den Judenchristen Jerusalems in einer schiedlich-friedlichen Zusammenarbeit bestand. Ich schloss mich dabei z.B. an W. Lütgert[83] an und galt darum bald als „Lütgert redivivus". Mit dieser Konzeption isolierte ich mich aus dem „kritischen Konsens", der nach wie vor unterschiedliche Frontstellungen in den Paulusbriefen und ein gespanntes Verhältnis zwischen Paulus und den Jerusalemern annimmt. An der grundsätzlichen Richtigkeit meiner Konzeption habe ich indessen nach wie vor keinerlei Zweifel, und ich habe meine Sicht von der Geschichte des Urchristentums in mancherlei Aufsätzen weiter entfaltet und verdeutlicht. Eine *begründete* Ableh-

---

[81] Ernst Käsemann (1906–1998): evangelischer Theologe
[82] Ferdinand Christian Baur (1792–1860): evangelischer Theologe
[83] Wilhelm Lütgert (1867–1938): evangelischer Theologe

nung meiner *Gesamtanschauung* ist mir nicht begegnet, geschweige denn ein ähnlich umfassender Gegenentwurf.

Vor einigen Jahren erhielt ich von Pier Boshof, der in Pretoria über meine theologischen Ansichten promoviert hat, die Habilitationsgutachten von Kümmel und Andresen[84] zur Kenntnis; er hatte sie bei der Marburger Fakultät angefordert. Vor allem das Gutachten von Andresen beobachtet sehr richtig den „innovativen" Charakter meiner damaligen Arbeit. Er empfiehlt meine Einbindung in den akademischen Lehrbetrieb bemerkenswerterweise mit Hinweis auf eine „gewisse Eigenwilligkeit", die er bei mir beobachtet, mit der Erwartung, dass ich dadurch nicht zum *outsider* werden möchte. Das war gut beobachtet, doch hat sich im Lauf der Zeit eher verstärkt gezeigt, dass die verschiedenen „Konsense" sich von mir wenig beeindrucken ließen, während ich nicht bereit war, darauf zu verzichten, an die Stelle unbegründeter Konsensmeinungen begründete eigene Ansichten zu setzen, was mir Respekt, Ärger, den Vorwurf der Unbelehrbarkeit und eine gewisse Isolierung einbrachte.

Kümmel war trotz erheblicher sachlicher Bedenken bereit, die Arbeit der Fakultät zur Annahme zu empfehlen. Ich habe daraufhin die Arbeit in Marburg eingereicht. Sie wurde am 31. Januar 1962 – Kümmel war Dekan – als Habilitationsleistung anerkannt. Am 23. Februar 1962 hielt ich die Probevorlesung vor der Fakultät. Dazu musste ich drei Themenvorschläge einreichen, von denen gewöhnlich der erste. Vorschlag genommen werden soll und wird. In meinem Fall wurde aber der dritte Vorschlag gewählt („Traditionsgeschichtliche Erwägungen zu den Abendmahlsworten"), was Kümmel später irgendwie erklärte. Der 23. Februar 1962 ist auch das Datum der Habilitationsurkunde. Das Habilitationsverfahren wurde mit der Antrittsvorlesung am 9. Mai 1962 abgeschlossen: „Paulus und der historische Jesus". Mit diesem Thema stellte ich mir selbst die Aufgabe, das Überlieferungsproblem der synoptischen Tradition anzugehen. Damit war das wichtigste Arbeitsvorhaben der folgenden Jahrzehnte eröffnet, das mich bald zu unkonventionellen Lösungen führte, die mir zur Zeit der Vorlesung noch nicht zur Verfügung standen.

---

[84] Carl Andresen (1909–1985): evangelischer Theologe

Der junge Alttestamentler Otto Kaiser[85], der soeben von Tübingen nach Marburg berufen worden war, gratulierte mir nach der Vorlesung angemessen mit den Worten, ich wüsste jetzt ja, welche wissenschaftliche Aufgabe vor mir stünde.

Ich teilte dem Landeskirchenamt in Bielefeld die Habilitation mit, die mich verpflichtete, im Semester mindestens eine Stunde wöchentlich in Marburg zu lesen. Das Landeskirchenamt wünschte daraufhin, dass ich für diese Tätigkeit eine Genehmigung einholen möchte. Darüber entspann sich eine grundsätzliche Auseinandersetzung, in die verständlicherweise auch die Fakultät einbezogen war und die in meinen Unterlagen dokumentiert ist. Sie lief verhältnismäßig friedlich ab, denn der zuständige Oberkirchenrat war Otto Schmitz, der zuvor Pastor in Freudenberg gewesen war und mich im Studium unterstützt hatte.

Von Raumland aus besuchte ich mit einiger Regelmäßigkeit die etwa alle 4 Wochen in Marburg tagende „Arbeitsgemeinschaft" Bultmanns, die 1942 nach Bultmanns berühmtem Entmythologisierungsaufsatz auf Vorschlag von Pfarrern der Bekennenden Kirche eingerichtet worden war. Man las und besprach aktuelle theologische Literatur oder trug, was vor allem Bultmann selbst tat, eigene Arbeiten vor, oft vor ihrer Veröffentlichung.

Im Wintersemester 1962/63 hatte ich eine Lehrstuhlvertretung übernommen. Ernst Fuchs[86] war nach Marburg berufen worden, und er legte Wert auf einen Dozenten, der die „niedrigen Dienste" übernehmen konnte. Ein Proseminar durchzuführen, lag nicht im Bereich seiner Begabung. Ich hatte den Wechsel an die Universität nicht geplant und systematisch angestrebt. Meine wissenschaftlichen Arbeiten habe ich primär unternommen, weil mich die Probleme interessierten, für die mir Lösungen vorschwebten. Diese Einstellung habe ich grundsätzlich festgehalten. *Neugier* hat mich weitergeleitet. Dadurch wurde ich allerdings mehr oder weniger zum Einzelgänger, weil ich mich dem bequemen wissenschaftlichen Konsens versagt habe.

---

[85] Otto Kaiser (1924–2017): evangelischer Theologe
[86] Ernst Fuchs (1903–1983): evangelischer Theologe

9. Abschied

Zum 1. April 1963 wurde ich als Dozent an die Theologische Fakultät der Universität Marburg berufen. Mir war dieser Wechsel in die wissenschaftliche Laufbahn recht, zumal zehn Jahre in einer Gemeinde eine angemessene Arbeitszeit waren.

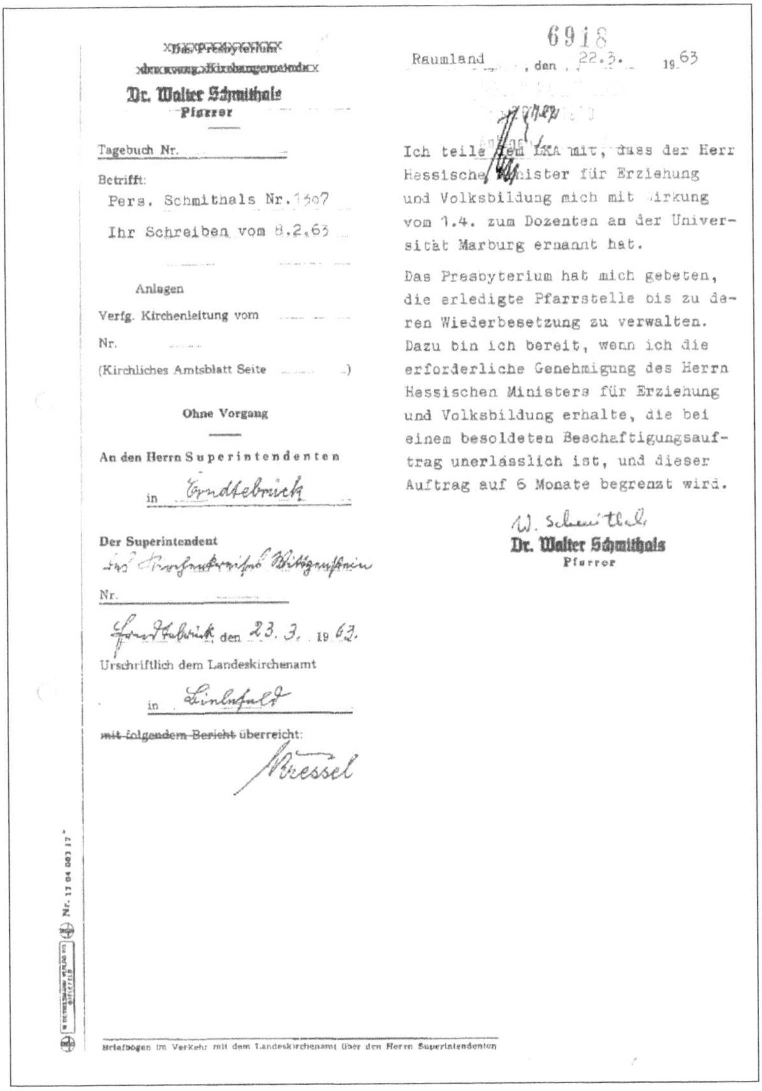

~~Das Presbyterium der evang. Kirchengemeinde~~
Dr. Walter Schmithals
Pfarrer

Tagebuch Nr.

Betrifft:
Pers. Schmithals Nr. 1307
Ihr Schreiben vom 8.2.63

Anlagen
Verfg. Kirchenleitung vom
Nr.
(Kirchliches Amtsblatt Seite)

Ohne Vorgang

An den Herrn Superintendenten
in Erndtebrück

6918

Raumland, den 22.3. 1963

Ich teile dem LKA mit, dass der Herr Hessische Minister für Erziehung und Volksbildung mich mit Wirkung vom 1.4. zum Dozenten an der Universität Marburg ernannt hat.

Das Presbyterium hat mich gebeten, die erledigte Pfarrstelle bis zu deren Wiederbesetzung zu verwalten. Dazu bin ich bereit, wenn ich die erforderliche Genehmigung des Herrn Hessischen Ministers für Erziehung und Volksbildung erhalte, die bei einem besoldeten Beschäftigungsauftrag unerlässlich ist, und dieser Auftrag auf 6 Monate begrenzt wird.

W. Schmithals
Dr. Walter Schmithals
Pfarrer

Der Superintendent
des Kirchenkreises Wittgenstein
Nr.
Erndtebrück, den 23. 3. 1963
Urschriftlich dem Landeskirchenamt
in Bielefeld
~~mit folgendem Bericht~~ überreicht:
Kressel

Briefbogen im Verkehr mit dem Landeskirchenamt über den Herrn Superintendenten

Abb.68: Mitteilung von Walter Schmithals an den Superintendenten zum Wechsel an die Universität Marburg.
Quelle: Landeskirchliches Archiv der EKvW in Bielefeld, Best. 2.2. 16438

Um eine Vakanz zu vermeiden, verwaltete ich die Pfarrstelle Raumland auf Bitte des Presbyteriums noch bis zum 30. September 1963. Im Abschiedsgottesdienst am 3. November 1963 floss manche Träne; am Abend ging es bei Althaus im Saal etwas gelockerter zu. Ich schied dann nicht ohne schlechtes Gewissen, denn die doppelte Tätigkeit während eines ganzen Jahres hatte doch dazu geführt, dass ich die Gemeindearbeit nicht in gleicher Intensität durchführen konnte und vor allem die Besuche der Kranken vernachlässigen musste. Ich habe in diesen zwölf Monaten ein doppeltes Einkommen gehabt, eine wesentliche Voraussetzung dafür, dass wir in Marburg bald ein Haus bauen konnten.

Abb. 69: Walter Schmithals am 3.11.1963 (dem Tag seiner Verabschiedung aus Raumland) im Kreis der Presbyter und Kollegen
(v.l.n.r.:) Hermann Lange, Adolf Sonneborn, Christian Müller, Walter Schmithals, Heinz Herling, Heinrich Dreisbach, Alfred Kunze, Alfred Mielke, Fritz Knebel, Ernst Fischer, Otto Bald, Pfarrer Günther Klein (Berghausen), August Römer, Ernst Kloos, Pfarrer Heinrich-Joachim Schiermeyer (Nachfolger von Walter Schmithals)
Quelle: Gemeindebüro der Kirchengemeinde Raumland

Mein Nachfolger in Raumland wurde Pastor Schiermeyer. Wir blieben noch 1963/64 in Raumland wohnen; während er bis zur Fertigstellung des neuen Pfarrhauses „auf Miete" wohnte. Ich mischte mich in diesem „gemeinsamen" halben Jahr nicht in seine Arbeit ein. Er war fleißig und ist später auch Superintendent geworden.

Unvergänglich

„Die Pforten der Hölle sollen meine Gemeinde nicht überwältigen" (Mt. 16, 18)

Die Völker dieser Erde haben nicht die Verheißung, daß sie immer bleiben werden. Staaten entstehen oder vergehen. Städte und ganze Landstriche versinken, werden verwüstet und vergessen, und neue werden anderswo aus dem Boden gestampft. Familien sterben aus, Namen verschwinden.

Die Gemeinde Jesu Christi hat die Verheißung, daß sie bleiben soll.

Diese Verheißung gründet sich nicht auf die besondere Widerstandskraft der christlichen Gemeinde. Die Gemeinde Jesu Christi wird nicht bleiben, weil sich in ihr besonders mutige oder kluge oder starke oder tadellose Menschen zusammenfinden. Die Christenheit hat kein Geheimrezept des Ueberlebens in einer vergänglichen Welt. Die Christen wissen, wenn sie richtige Christen sind, um ihre Schwachheit nach außen und nach innen.

Aber sie wissen auch um den, der bei ihnen ist: „Der Herr Zebaoth ist mit uns, der Gott Jakobs ist unser Schutz." Die Gemeinde Jesu Christi ist nicht auf dem Grund eigener Vorzüge erbaut, sondern auf dem Fundament der Berufung und Erwählung Gottes.

Darum wird sie – in aller und trotz aller Schwachheit – bleiben.

Dr. Walter Schmithals, Raumland

Abschrift aus: „Westfälische Rundschau", Regionalausgabe Siegen/Wittgenstein „Sonntagsbetrachtung" vom 09/10.11.1963

<u>Elfriede Born:</u> Wir haben Pfarrer Schmithals sehr gern gehabt. Er ist auch gern zu uns gekommen. Mit ihm konnte man gut reden. Wir hatten schwere Jahre hinter uns mit einigen Sterbefällen und einem Blitzeinschlag in die Scheune. Er hat uns Mut zugesprochen, als wir 1957 das alte Haus abrissen und neu bauten. Er war ein wunderbarer Mensch. Es war gut, dass er in Raumland war, und es war gut, dass er weggegangen ist, denn er konnte so viel!

10. Gedenken

> Wir sehen jetzt durch einen Spiegel in einem dunklen Wort;
> dann aber von Angesicht zu Angesicht.
> Jetzt erkenne ich stückweise;
> dann aber werde ich erkennen, gleichwie ich erkannt bin.
> 1.Korinther 13,12

Am 26. März 2009 verstarb im Alter von 85 Jahren der ehemalige Pfarrer der Evangelischen Kirchengemeinde Raumland

Dr. theol. Walter Schmithals

Professor emeritus für Neues Testament an der Humboldt-Universität zu Berlin

Pfarrer Dr. theol. Walter Schmithals war in den Jahren 1953 bis 1954 als Hilfsprediger und anschließend bis 1963 als Pfarrer in der Kirchengemeinde Raumland im Pfarrbezirk Raumland tätig.

Er hat sich mit sehr viel Engagement für jung und alt in der Gemeinde eingesetzt. Walter Schmithals war in der Gemeinde beliebt und mit seiner Familie im Dorfleben integriert. Noch lange über seine Arbeitszeit hinaus war er mit den Menschen in Raumland verbunden und hat an der 1200 Jahrfeier mit großem Interesse teilgenommen. Wir trauern mit seinen Angehörigen über seinen Tod und befehlen ihn der Gnade Gottes an, der durch Jesus Christus gesagt hat: Ich bin die Auferstehung und das Leben. Wer an mich glaubt, der wird leben, auch wenn er stirbt; und wer da lebt und glaubt an mich, der wird nimmermehr sterben. (Joh.11,25)

Das Presbyterium der Ev. Kirchengemeinde Raumland

Pfarrer Dr. Dirk Spornhauer, Vorsitzender   Traudel Stremmel, Kirchenmeisterin

Bad Berleburg-Raumland, den 9. April 2009

Abb. 70: Gedenkanzeige des Presbyteriums der Evangelischen Kirchengemeinde Raumland aus Anlass des Todes von Walter Schmithals

Der letzte Feind

„Der letzte Feind....ist der Tod." (1. Kor. 15,26)

Es mag Situationen geben, in denen der Tod als Freund erscheint: nämlich dann, wenn wir ein Ende mit Schrecken dem Schrecken ohne Ende vorziehen. Nur die Verzweiflung sucht den Tod als Freund. Darum bleibt es unter allen Umständen wahr, daß der Tod unser Feind ist.

Er ist der letzte und insofern der gewaltigste Feind. Er bedroht nicht etwas von uns, sondern er bedroht uns selbst. Vor allem ist er der Feind, gegen den kein Kraut gewachsen ist. Wir haben kein Mittel gegen den Tod. Der Kampf mit diesem Feind ist von vornherein entschieden: er bleibt Sieger. Schon in den Schmerzen der Geburt künden sich die Wehen des Todes an.

Der Tod aber ist nicht nur unser Feind, sondern auch Gottes Feind. Das will die Bibel sagen, wenn sie den Todeskampf Jesu berichtet. Und in diesem Kampf bleibt Gott der Sieger. Das sagt die Osterbotschaft.

Unser Kampf gegen den Tod ist schon entschieden: wir sind die Verlierer. Aber Gottes Kampf gegen den Tod ist auch schon entschieden: er bleibt der Sieger.

Somit bleibt die Frage, ob wir nicht unseren Kampf gegen den Tod verloren geben und uns auf die Seite des Siegers stellen sollen. Dann bleibt der Tod unser Feind, der letzte Feind, und wir brauchen ihn doch nicht zu fürchten.

Dr. Walter Schmithals

Abschrift aus: Westfälische Rundschau Regionalausgabe Siegen/Wittgenstein „Sonntagsbetrachtung", genaues Datum unbekannt

Nachruf (Abschrift in Auszügen) von Dr. Ulf Lückel, Wittgensteiner Heimatverein e.V.: [87]

Walter Schmithals †

Am 26. März 2009 verstarb das langjährige Mitglied des Wittgensteiner Heimatvereins e. V. Prof. Dr. theol. Walter Schmithals im Alter von über 85 Jahren in Berlin. [....]

Für die Kirchengeschichte Wittgensteins sind mehrere Untersuchungen von ihm richtungsweisend gewesen, für die wir Schmithals nur dankbar sein können. Der Kirchengeschichte galt seine „heimliche Liebe", die er aber nur selten ausleben konnte. So muss vor allem sein großer Aufsatz über den Raumländer Pfarrer Wilhelm Abresch (1671-1743) genannt werden, der die Forschung zum radikalen Pietismus in Wittgenstein nachhaltig beeinflusste und voran brachte.[88] Gerade diese Arbeit glich einer Initialzündung zum Wittgensteiner Pietismus. Aber auch zu anderen Themen Wittgensteiner Kirchengeschichte hat Schmithals fleißig geforscht, so beispielsweise über die alte Pfarrei Schüllar[89] und die verloren gegangene Odebornskirche.[90] Für die jüngere Kirchengeschichte Wittgensteins ist auch seine ausführliche Ausarbeitung zur Einführung der Union aufzuzeigen,[91] diese Arbeit entstand jedoch noch ohne das zwischenzeitlich entdeckte bedeutende Aktenmaterial zur Einführung derselben und ist somit mittlerweile überholt. Wittgenstein und besonders unser Heimatverein hat mit dem Tod von Walter Schmithals einen besonderen Freund verloren, der auch im hohen Alter noch immer interessiert die Geschehnisse in Wittgenstein und der Forschung der Kirchenhistorie Wittgensteins verfolgte. Schmithals gehörte wohl noch einer anderen Generation von Pfarrern an, für die (regionale) Kirchengeschichte noch bedeutsam und voll geistlichen Lebens war und deren Erforschung und „Kennenlernen wollen" sie sich zur eigenen Entdeckeraufgabe machten. Walter Schmithals stand in unmittelbarer Folge zu den Wittgensteiner Amts- und Forscherkollegen wie Friedrich Wilhelm Winckel (1804-1876), Julius Nase (1861-1946), Johann Georg Hinsberg (1862-1934), Karl Gottfried Wilhelm Herbers (1863-1953), Eduard Thielecke (1875-1938), Gustav Friedrich Bauer (1881-1968) und einigen wenigen mehr.

---

[87] veröffentlicht in: Wittgenstein, Blätter des Wittgensteiner Heimatvereins, Bd 73–2009-H 4-S 151

[88] Pfarrer Wilhelm Abresch und sein Streit mit dem Kirchspiel Raumland, in: F. Krämer (Hg.), Raumland, Beiträge zur Geschichte unseres Dorfes, 98–132, 1975

[89] Die ehemalige Pfarrei Schüllar. In: Wittgenstein, Jahrgang 74, Bund 50, 2-5, 1986

[90] Die alte Odebornskirche. In: Wittgenstein, Jahrg. 711, Band 47, 1983, 79–86, 1983.

[91] Die Einführung der Union im Kirchenkreis Wittgenstein, in: Wittgenstein, Blätter des Wittgensteiner Heimatvereins 4, 193–208, 1966

Abschrift des Beileidsbriefes von Werner Posner an Marlene Schmithals[92]:

Bochum, 18.4.2009

Sehr geehrte, liebe Frau Schmithals!

Nachdem ich an Ostern von meiner Mutter erfahren habe, daß Ihr Mann kürzlich gestorben ist, ist es mir ein Anliegen, Ihnen meine herzliche Anteilnahme zu bekunden.

Auch wenn es zwischen uns keine nähere Verbindung gegeben hat, spüre ich doch eine starke innere Verbundenheit, die sowohl biographisch wie auch theologisch begründet ist.

Meine frühen religiösen und kirchlichen Erfahrungen – die ersten außerhalb meiner Familie – sind vom Kindergottesdienst in der Raumländer Kirche geprägt. Dort durfte ich auch Ihren Mann als meinen ersten geistlichen Lehrer erleben.

Aus den späteren Jahren erinnere ich sehr genau eine Predigt von ihm, die er im Rahmen eines homiletischen Seminars mit Studenten in Raumland gehalten hat, und als Student habe ich Sie einmal zusammen mit meiner Schwester Traudel in Berlin besucht, wo ich mit Ihrem Mann über Moltmanns „Theologie der Hoffnung" gesprochen habe. Zuletzt las ich Ende 2007 sein Büchlein „Weihnachten", woraufhin ich ihm geschrieben habe und er mir mit einem sehr freundlichen, warmherzigen Brief geantwortet hat. Heute habe ich in diesem Buch noch einmal seine Betrachtungen zum Thema „Zeit" gelesen. Seinen Satz „...so haben wir allezeit Zeit zu leben, statt uns vor des Lebens Dunkelheiten zu fürchten und vor lauter Suche nach dem Leben das Leben selbst zu verlieren" (S. 143) lese ich heute wie ein Vermächtnis Ihres Mannes (an mich) und als tröstliche Anleitung für mein eigenes Leben und Sterben.

Um noch einmal auf meine Raumländer Kindheit zurück zu kommen, erinnere ich mich noch gut daran, daß Sie mir zu Beginn meiner Gymnasialzeit einmal Nachhilfe in der deutschen Grammatik gegeben haben, was mir damals sehr geholfen hat.

---

[92] Näheres zu Werner Posner siehe Seite 11; der Brief befindet sich im Privatbesitz der Familie Schmithals.

Es sind vielleicht gerade solche „Kleinigkeiten", die einem Leben seine besondere Prägung und Einmaligkeit geben.

Meine Mutter berichtete mir auch, wie manche praktische Hilfe Sie und Ihr Mann unserer Familie haben zukommen lassen, und ich vermute, daß es bei anderen Familien ähnlich war.

Theologie, Seelsorge und praktische Nächstenschaft haben Sie gemeinsam als Einheit vorgelebt, und das ist es wohl auch, was ich mit dem Namen Schmithals für immer verbinde.

Traurig und dankbar zugleich sende ich diesen Gruß an Sie und wünsche Ihnen, daß Sie im Glauben getröstet nun von Ihrem Mann Abschied nehmen können.

Viele Grüße auch an Ihre Kinder, sofern sie mich kennen,

Ihr

Werner Posner

Auferstehung

„Seid ihr nun mit Christus auferstanden, so suchet, was droben ist"(Kol. 3,1)

Solange die Botschaft von der Auferstehung Jesu Gegenstand unseres Denkens, Meinens und Glaubens ist, bleibt die Kraft dieser Botschaft uns verschlossen, gleichgültig, ob wir sie für wahr halten oder nicht.

Ostern ist nicht unser Gegenstand; wir sind der Gegenstand der Osterbotschaft. Ueber Ostern verfügen wir nicht, Ostern verfügt über uns. Wir sollen nicht über die Auferstehung Jesu spekulieren, sondern sollen mit Jesu auferstehen, wie wir mit ihm auch sterben sollen.

Dies sollen wir glauben: daß Gott unseren alten Menschen mit Christus getötet hat, jenen Menschen, der sich mit frommen und unfrommen Werken vor Gott behaupten will.

Und dies dürfen wir glauben: daß Gott unseren neuen Menschen mit Christus hat auferstehen lassen, jenen Menschen, dessen einziger Trost im Leben und im Serben dies ist, daß er Gott gehört.

Nur so werden wir dessen gewiß, daß Christus ein lebendiger Herr ist. Nur wer mit Christus aufersteht, vermag den auferstandenen Christus zu bekennen.

Pfarrer Dr. Walter Schmithals, Raumland

Abschrift aus: „Westfälische Rundschau", Regionalausgabe Siegen/Wittgenstein „Sonntagsbetrachtung" vom 21.04.1962

Elke Franz: Es macht mir Freude an Pfarrer Schmithals zu denken und von ihm zu erzählen. Er hat mich und meinen Glauben tief geprägt. Ich male und zurzeit gibt es in der Kirche in Bad Laasphe eine Ausstellung von meinen Bildern, die ich gemalt habe zu den sieben „Ich bin"-Worten Jesu. Pfarrer Kuhli hat mich gefragt, warum ich Jesus nicht als Person, sondern durch das Kreuz darstelle. Ich habe ihm erzählt, dass mein alter Pfarrer Schmithals aus Raumland mich den reformatorischen Glauben so gelehrt hat. Er hat dies dann auch in der Eröffnungspredigt zu der Ausstellung gesagt und auch den Namen Walter Schmithals erwähnt.

Wir haben lange in Kontakt gestanden, die Eheleute Schmithals und ich; Frau Schmithals schreibe ich jetzt allerdings nicht mehr, weil ich weiß, dass sie mit den Augen Probleme hat und das Lesen sie anstrengt. Ich hatte ihr damals das Foto geschickt, auf dem die Eheleute bei der 1200-Jahr-Feier vor der Kirchentür der Raumländer Kirche stehen.

Abb. 71: Elke Franz: „Ich bin der gute Hirte", Ölgemälde, Privatbesitz

Abb. 72: Marlene und Walter Schmithals vor der Eingangstür der Raumländer Kirche 2007 aus Anlass der Feierlichkeiten zum 1200-jährigen Jubiläum des Dorfes Raumland

Foto von Elke und Heinrich Franz, es befindet sich im Privatbesitz der Familie Schmithals.

Anhänge

Anhang 1:

Liste der Veröffentlichungen von Walter Schmithals zu Raumland und Wittgenstein[93]:

Sieben Menn-Generationen auf einem Hof. 200-jähriges Jubiläum auf dem Rohrbachhof, Wittgensteiner Rundschau/Westfälische Rundschau Nr. 228, 1964

Heimatgeschichte um die Odebornskirche – Friedhof als Miststätte - Abbruchmaterial der Odebornskirche – Heute zieren Linden den Platz der alten Odebornskirche, Wittgensteiner Rundschau/Westfälische Rundschau, 1964

Die Einführung der Union im Kirchenkreis Wittgenstein, in: Wittgenstein, Blätter des Wittgensteiner Heimatvereins 4, 193–208, 1966

Pfarrer Wilhelm Abresch und sein Streit mit dem Kirchspiel Raumland, in: F. Krämer (Hg.), Raumland, Beiträge zur Geschichte unseres Dorfes, 98–132, 1975

Die alte Odebornskirche. In: Wittgenstein, Jahrgang 711, Band 47, 1983, 79–86, 1983.

Die ehemalige Pfarrei Schüllar. In: Wittgenstein, Jahrgang 74, Bund 50, 2–5, 1986

---

[93] Diese Auflistung wurde der Bibliographie von Walter Schmithals entnommen, siehe www.walterschmithals.de.

Anhang 2:

Predigt zum 30-jährigen Jubiläum des Konfirmandenjahrgangs 1962:

Weil Walter Schmithals kurzfristig erkrankte, konnte er den Gottesdienst entgegen der ursprünglichen Planung nicht selbst halten. Die Predigt schickte er im Mai 1992 nach Raumland (siehe Seite 67):

„Als sie weiterzogen, kam Jesus in ein Dorf. Da war eine Frau mit Namen Marta, die nahm ihn auf. Sie hatte eine Schwester, die hieß Maria; die setzte sich dem Herrn zu Füßen und hörte seiner Rede zu. Marta aber hatte alle Hände voll zu tun, um ihm zu dienen. Und sie trat heran und sagte: Herr, fragst du nicht danach, dass mich meine Schwester allein dienen lässt? Sage ihr doch, dass sie mir helfen soll! Der Herr aber antwortete ihr: Marta, Marta, Du hast viel Sorge und Mühe. Eins aber ist nötig. Maria hat nämlich das Bessere gewählt; das soll ihr nicht genommen werden." Lukas 10, 38–42

Liebe Gemeinde, vor allem: Liebe Männer und Frauen, die ihr vor 30 Jahren an diesem Tag und an dieser Stelle konfirmiert worden seid! Ich erinnere mich daran, dass ich vor etwa 35 Jahren in dieser schönen Kirche, in der ich mich immer noch zu Hause fühle, im Kindergottesdienst die Geschichte von Maria und Marta erzählte, die wir gerade hörten. Man kann solche Erzählung ja sehr spannend machen, weil von beiden, von Maria und von Marta, nur Gutes zu sagen ist. Und wenn man das Gute herausstreicht und am Ende die Frage stellt, wer von beiden denn richtig gehandelt habe, kann man ein lebhaftes Gespräch erwarten, in dem die Meinungen auseinandergehen und Jesu Entscheidung für Maria am Ende die Kinder ähnlich überrascht, wie sie auch für uns nicht selbstverständlich ist.

Ich habe also zuerst von Marta berichtet, die sich viel Sorge und Mühe macht. Sie steht ganz im Dienst der Liebe. Die Gastfreundschaft ist ihr heilig. Sie macht sich in Keller und Küche zu schaffen, und was sie für ihren Gast tut, ist zugleich ein Beispiel für allen Dienst der Liebe, der uns geboten ist, nämlich der Liebe zu dem Nächsten, den wir uns nicht aussuchen können, wenn seine Not uns nahe rückt, und auch der Liebe zu den Fernen, deren Not uns die Bilder und Berichte aus den Ländern nahebringen, in denen Hunger und Krieg herrscht. Es heißt von Marta zweimal, dass sie Jesus *diente*, und das Wort, das im Urtext für ihr *Dienen* steht, heißt „Diakonie". Sie ist also sozusagen eine Diakonisse, tätig im diakonischen Werk, dem Werk selbstloser Hingabe an Andere. Darin ist sie unser Vorbild. Sie hat unser volles Lob verdient, und auch Jesus findet, um im Bild zu reden, kein Haar in der Suppe, die sie für ihn kocht. Mag Maria auch, wie wir schon wissen, das bessere Teil erwählt haben, so ist doch das, was Marta tut, über jeden Tadel erhaben. Wir müssen ihr Tun ganz und gar anerkennen.

Nachdem ich auf diese Weise Marta vorgestellt hatte, so dass jedes der Kinder sich gerne mit ihr identifizierte, habe ich von Maria gesprochen. Maria mag im Ohr gehabt haben, was auch uns in dieser Passionszeit bewegt, dass Jesus sagte, er sei nicht gekommen, dass er sich dienen lasse, sondern dass er diene und sein Leben für die Menschen hingebe. Sie mag sich an Jesu Einladung erinnert haben: „Kommt her zu mir alle, die ihr mühselig und beladen seid; ich will euch erquicken." Nicht Faulheit und Bequemlichkeit bestimmte Maria, als sie sich zu Jesu Füßen niedersetzte. Sie war auch nicht bloß neugierig. Sie wusste vielmehr, dass der Mensch nicht vom Brot allein lebt, sondern dass er sein Leben in Wahrheit – sein wahres Leben – in dem hat, was Gottes Wort ihm als Leben eröffnet und schenkt. Sie handelte so, wie die Kinder handelten, die sich damals hier zum Kindergottesdienst eingefunden hatten, um die Geschichte von Maria und Marta zu hören. Sie tat, was wir in dieser Stunde tun, in der wir die Hände ruhen lassen und uns zum Hören auf Gottes Wort versammelt haben.

Nachdem ich also auf diese Weise zuerst Marta sehr gelobt und dann auch Marias Handeln verständlich gemacht hatte, frug ich die Kinder: „Was hätten sie denn tun sollen? Wer von beiden hat richtig gehandelt? Wie hättet ihr selbst gehandelt – wie Maria? oder wie Marta?" Darauf meldete sich ein aufgewecktes Mädchen, das immer kluge Antworten bereit hatte – vor 30 Jahren wurde es konfirmiert, und es sitzt nun wieder unter Euch – , und sagte: „Ich hätte Jesus mit in die Küche genommen."

Das war eine kluge Antwort der praktischen Vernunft, und ich habe von dieser Szene später manchmal mit Schmunzeln erzählt und man hat sehr darüber gelacht. Damals war mit gar nicht zum Lachen zumute; denn das kleine Mädchen hat mir das Konzept meiner Erzählung gründlich verdorben. Ich wollte ja nicht auf einen so praktischen Kompromiss hinaus, sondern darauf, dass Jesus bei aller Anerkennung für Marta doch eindeutig feststellt, Maria habe das bessere Teil erwählt, das eine Teil, das not ist und das nicht von ihr genommen werden soll. Ich weiß nicht, ob und wie es mir damals gelungen ist, meine Erzählung trotz dieser überraschenden Antwort noch in das richtige Fahrwasser zu lenken. Vielleicht habe ich gesagt, dass die Häuser in Palästina damals nur einen großen Raum hatten, in dem man kochte, wohnte und schlief, so dass Marta mit halbem Ohr ohnehin hören konnte, was Jesus sagte, dass es aber weder für das Essen noch für das Hören gut ist, wenn man nur halb bei der Sache ist. Wir jedenfalls wissen, wie die Geschichte von Maria und Marta ausgeht und dass die hörende Maria eindeutig den Vorzug vor der tätigen Marta erhält.

Aber wenn wir auch an diesem Morgen, weil wir zum Hören zusammengekommen sind und gesungen haben: „Eins ist not, ach Herr, dies Eine, lehre mich bedenken doch ... „, wenn wir also in dieser Stunde vielleicht bereit sind, dies Urteil Jesu gelten zu lassen, so müssen wir doch einräumen, dass das nicht selbstverständlich ist. Zumindest liegt uns der Kompromiss, Maria *und* Marta, Tun *und* Hören, in der Regel näher als das schroffe „Eins ist not". Und ist die Praxis unseres Lebens nicht weithin vom Denken der Marta mehr als von dem der Maria bestimmt? „Sich regen, bringt Segen" sagt ein Sprichwort. „Von nichts kommt nichts" sagt ein anderes. „Jeder ist seines Glückes Schmied", sagten schon die alten Römer, und vom Generalfeldmarschall Moltke stammt der Satz: „Glück hat auf die Dauer nur der Tüchtige". Das Johannesevangelium beginnt allerdings mit einem Satz im Sinne der Maria: „Im Anfang war das Wort", das heißt, der Ursprung aller Weisheit und Wahrheit ist das Wort, der Grund des Lebens ist das Hören. Als aber Goethe seinen Faust die ersten Zeilen des Johannesevangeliums aus der Ursprache ins Deutsche übersetzen ließ, stockt er schon bei den ersten Wörtern:

„Ich kann das Wort so hoch unmöglich schätzen,
ich muss es anders übersetzen."
Er rät und überlegt hin und her, und schließlich heißt es:
„Mir hilft der Geist! Auf einmal seh ich Rat
und schreibe getrost: Im Anfang war die Tat."

Mit unserer Geschichte gesprochen, heißt das, dass Marta eindeutig Recht gegenüber Maria bekommt. Nicht das Hören auf das Wort ist Anfang und Ursprung des Lebens, sondern das, was der Mensch tut, sein Handeln, seine Leistung.

Man kann daraus erkennen, dass uns die Geschichte von Maria und Marta nicht nur vor ein interessantes Problem stellt, das man diskutieren kann, sondern vor die Grundfrage unseres Daseins. Haben wir uns letztlich selbst in der Hand? Leben wir von dem, was wir mit unserem Wollen und Können schaffen? Sind wir das, was wir aus uns gemacht haben? Sind wir mit unseren Erfolgen identisch und mit dem, was das Glück den Tüchtigen geschenkt hat? Hängen uns also auch unsere Misserfolge bleibend an? Scheitern wir selbst, wo unsere Pläne scheitern, wo vielleicht der Plan unseres Lebens zerbricht, wo ein hoffnungsvoll begonnenes Leben inzwischen wie ein Trümmerhaufen erscheint? Ist das letzte Wort über uns gesprochen, wenn wir, sei es durch eigene Schuld oder durch tragisches Unglück, versagen?

Als wir vor 30 Jahren hier beisammen waren, war ein halbes Jahr zuvor in Berlin die Mauer gebaut worden. Diese Mauer war eine Generation lang nicht nur Symbol einer politisch gespaltenen Welt, sondern darüber hinaus die Demonstration einer Weltanschauung, einer Religion ohne Gott. Vom Osten aus gesehen, trennte diese Mauer eine gute und eine böse Welt; die gute Welt lag im Osten und hielt sich deshalb für gut, weil sie endlich ganz auf den Menschen setzte, der, wie schon Karl Marx gesagt hatte, das höchste Wesen für den Menschen sei. Man glaubte an den guten Menschen und erwartete alles Gute von ihm; denn das Schlechte beobachtete man nur in den Strukturen der Gesellschaft, die man so umstülpte, dass nun das Paradies auf Erden anbrechen müsse. „Marta" hatte sozusagen auf der ganzen Linie gesiegt, und als die Mauer fiel, brach deshalb eine Religion zusammen, der Glaube nämlich, durch viel Sorgen und Mühen die

Menschheit aus allem Leid führen zu können, so dass endlich jeder Mensch zum Schmied eines ungetrübten Glücks werden würde. Ich erinnere an diese Epoche unserer Weltgeschichte nicht in der Überzeugung, es sei in Wirklichkeit umgekehrt gewesen und bei uns hätte das Gute, drüben das Böse regiert. In der kommunistischen Welt hat die christliche Gemeinde unter allen Anfechtungen und in manchen Schwachheiten nicht nur daran festgehalten, dass der Mensch ebensowohl seines Unglücks wie seines Glückes Schmied ist. Sie hat auch jene Wahrheit bezeugt, die man mit Maria nur hören kann, weil sie dem Menschen das letzte Wort über sich selbst nimmt und ihm sagt: „Ich bin der Erste und der Letzte" und: „Fürchte dich nicht. Ich bin mit dir." Und in unserer freien Gesellschaft haben sich andererseits viele und auch wir selbst immer wieder die Freiheit genommen, mehr auf das zu vertrauen, was wir geleistet haben oder haben leisten wollen, oder wohl auch an uns selbst zu verzagen und zu verzweifeln, statt uns wie Maria dem anzuvertrauen, der die Stolzen vom Thron stürzt, der Sünde vergibt und der in den Schwachen mächtig ist.

Ich habe in den letzten Tagen manchmal daran gedacht, dass Ihr Konfirmanden vor 30 Jahren noch Kinder wart und ich in der Mitte des Lebens stand, die Alten von damals aber nicht mehr unter uns sind. Nun bin ich alt geworden, Ihr seid die mittlere Generation und die Kinder von heute sind Eure eigenen Kinder. Gibt es etwa eine bestimmte Epoche des menschlichen Lebens, in der man Maria besser versteht als Marta? Die Kinder sind gleichsam von Natur noch wie Maria. Sie müssen lernen und hören und doch wollen gerade sie möglichst schnell wie Marta werden; sie können es meist nicht erwarten, endlich hinein zu kommen in das tätige Leben, selbständig zu werden und möglichst alles besser zu machen als die Eltern. Und wenn man in der Mitte des Lebens steht, ist man beinahe gezwungen, wie Marta zu handeln; denn man will und muss seinen Beruf ausfüllen, seine Familie ernähren, die Kinder erziehen, seinen Mann stehen, seine Anerkennung als Frau gewinnen. Hat man da noch Zeit, sich wie Maria zu Jesu Füßen hinzusetzen und zu hören: „Wenn ihr nicht werdet wie die Kinder, werdet ihr das Reich Gottes nicht sehen"? Kommt daher die Klage, dass die mittlere Generation so wenig in der Kirche zu sehen ist? Ist es also der Weisheit des Alters vorbehalten, sich mit Maria zu solidarisieren? Solche Weisheit erlaubt dem Menschen, dankbar zu sein, wenn er auf ein gesegnetes Leben zurückblicken darf. Aber sie lehrt zugleich auch den Erfolgreichsten, zu sagen und zu singen:

„Dies alles wird zerrinnen, was Müh und Fleiß gewinnen und saurer Schweiß erwirbt. Was Menschen hier besitzen, kann vor dem Tod nichts nützen; dies alles stirbt uns, wenn man stirbt.“[94]

Und wenn einer vor den Trümmern seines Lebens steht, erkennt er erst recht, dass alles „ganz eitel“ ist, wie der Prediger Salomo sagt.

Es mag wohl sein, dass unser Verhältnis zu Maria und zu Marta und zu dem, was mit diesen Namen bezeichnet wird, im Laufe eines Menschenlebens wechselt. Wir brauchen uns auch nicht zu schämen, wenn wir uns bemühen, den Maßstäben gerecht zu werden, die Marta gesetzt hat. Im Gegenteil. Wir haben die Gaben zu nutzen, die Gott uns mit auf den Lebensweg gegeben hat. Das Leben ist mehr als die Arbeit, aber unsere Kräfte zu gebrauchen, ist unsere Pflicht. Ehrliche Arbeit ist stets ein Dienst der Liebe. Jeder von uns mag sich selbst prüfen, ob er die Anerkennung verdient hat, die Marta widerfährt: „Du machst dir viel Sorge und Mühe.“ Das ist und bleibt ein Lob, auch wenn unsere Mühe und Arbeit nicht immer viel einbringt und wir am Ende mit leeren Händen dastehen sollten. Doch niemand sollte sich sagen lassen: „Du fauler und ungetreuer Knecht“. Wir dürfen unser Pfund nicht vergraben, unsere Talente nicht ruhen lassen, unsere Gaben nicht verachten. Faulheit ist keine Tugend, erst recht keine christliche.

Aber Maria hat das bessere Teil erwählt. Dass sie zu Jesu Füßen sitzt und hört, was er zu sagen hat, erinnert uns daran, dass wir mehr sind als unserer Hände Werk. Wer Ohren hat zu hören, der hört, dass nicht seine Werke dem Menschen das letzte Urteil sprechen, sondern dass die Gnade Gottes das letzte Wort hat, und im Konfirmandenunterricht haben wir gelernt, dass der einzige Trost für den Menschen darin besteht, dass er im Leben und im Sterben nicht sich selbst, sondern seinem getreuen Heiland Jesus Christus gehört. Das gilt für die

---

[94] Dies ist die vierte Strophe des Liedes „Die Herrlichkeit der Erden muss Rauch und Asche werden“, Text von Andreas Gryphius, 1650

guten und die schlechten Werke, für die Erfolgreichen und für die Zukurzgekommenen, für die Gerechten und die Sünder. Was wir aus uns machen und gemacht haben, dürfen wir deshalb haben, „als hätten wir es nicht" – wie der Apostel Paulus einmal formulierte. Unsere frommen Väter sprachen in diesem Zusammenhang von „Gelassenheit", – was nicht heißt, dass wir uns gehenlassen sollen oder dass wir alles laufen lassen sollen, sondern dass wir uns mit unserem Tun und Lassen, mit Gelingen und Versagen, mit der Vergangenheit und der Zukunft in der Hand dessen liegen lassen sollen, der uns das Leben gegeben hat und dem unser Leben gehört. Dass er jeden von uns in Gnaden ansieht, ist die Wahrheit unseres Lebens.

Was man Marta vorwerfen kann ist nicht, dass sie sich viel Sorge und Mühe machte, sondern dass sie es ohne die Gelassenheit tat, die uns der Glaube schenkt. Marta setzt alles auf ihr Tun, auf sich selbst. Darum ihr Unwille: „Fragst du nicht danach, dass mich meine Schwester allein dienen lässt". So redet man, wenn das eigene Tun das letzte Wort behalten soll. Dann ist genug nicht genug; dann verdrängt der Eifer die Freude; dann lässt uns die Angst nicht los, dass wir es nicht schaffen.

Wo dagegen Gottes Gnade das letzte Wort hat, rückt unser Tun an die vorletzte Stelle. Das ist eine wichtige Stelle, die zweitwichtigste in unserem Leben überhaupt, aber eben doch nur die zweitwichtigste, und wo wir das wissen, wird uns in all unserem Tun jene heilsame Gelassenheit geschenkt, die man an den Menschen spürt, die den Grund ihres Lebens nicht bei sich selbst suchen. Sie tun wie Marta ihre Pflicht; sie nehmen ihre Verantwortung nach bestem Wissen und Gewissen wahr. Aber sie bedenken, dass wir nicht im Rat Gottes sitzen, sondern schwache und fehlsame Menschen sind. Sie sind dankbar für alles Gelingen und bitten zugleich: Gott, sei mir Sünder gnädig. Sie machen nicht sich selbst zum Maßstab für alles und für die anderen, sondern versuchen, auch in dem Menschen das Ebenbild Gottes zu erkennen, der es uns schwer macht: Sie trauen Gott mehr zu als sich selbst und zweifeln nicht daran, dass er auch auf krummen Linien gerade schreiben kann. Sie bedürfen der Selbstgerechtigkeit nicht, sondern wissen sich auch da, wo sie scheitern, in der Treue Gottes geborgen.

Maria und Marta sind Teil unseres Lebens. Glaube und Liebe gehören zusammen. Es kommt nur auf die Reihenfolge an. Wer wie Marta sein Tun an die erste Stelle setzt, hat am Ende doch nur leere Hände, was immer er geleistet hat: "Sobald der Geist gewichen und dieser Mund erblichen, fragt keiner, was man hier getan". Wer hören kann und Gottes Gnade an die erste Stelle setzt, hat dagegen die Hände frei, das Notwendige zu tun, und zugleich ein gelassenes Herz, nicht alles erreichen zu müssen. So gesehen ist der Vorschlag, Jesus mit in die Küche zu nehmen – es war übrigens Elke Lückel, die mir mit dieser klugen Antwort mein Konzept verdorben hatte – , doch nicht so ganz verkehrt. Denn man kann diesen Vorschlag ja so verstehen: Lebe in deinem alltäglichen Tun aus der Barmherzigkeit Gottes; tu deine Pflicht, aber tu sie im Vertrauen nicht auf deine Stärke, sondern auf Gottes Treue; bemühe dich, niemand etwas schuldig zu bleiben, aber lass dir genügen an Gottes Gnade.

Anhang 3:

Predigt zum 40-jährigen Jubiläum der Konfirmation im Jahr 1958, gehalten in der Raumland am 5. April 1998 über Matthäus 5, 8:

Liebe Gemeinde, insonderheit liebe Männer und Frauen, die Ihr vor 40 Jahren an dieser Stelle konfirmiert worden seid!

Damals gingt ihr noch zur Schule, und ich war ein junger Mann; heute habt ihr schon das Rentenalter vor Augen, und ich bin ein alter Mann. 40 Jahre sind eine kurze Zeit, wenn man sie an dem Lauf der Weltgeschichte misst oder auch an dem Alter unserer schönen Kirche, die schon 20 mal 40 Jahre Freud und Leid der Mütter und Väter vor uns begleitet hat. Sie sind eine lange Zeit, wenn wir bedenken, dass 40 Jahre fast ein Menschenleben umfassen, fast das Ganze dessen, was jedem einzelnen von Euch an bewusstem und aktivem Leben bisher beschieden war, und gewiss mehr als das, was jedem noch beschieden sein wird. Es ist diese lange, vielfach und vielfältig gefüllte und doch oft so flüchtige Zeit, die wir in dieser Stunde der Besinnung mitbringen, bevor wir dann noch manche Stunde in frohem oder ernstem Austausch der Gedanken beieinander sein können.

Wir wollen uns bei dieser Besinnung an einem der Konfirmationssprüche orientieren, die Euch vor 40 Jahren mit auf den Lebensweg gegeben wurden. Es ist eine der Seligpreisungen aus dem Anfang der Bergpredigt – haben wir sie damals nicht alle auswendig gelernt?

Selig sind, die reines Herzens sind; denn sie werden Gott schauen. (Matthäus 5,8)

Dies ist der Spruch von Jutta Nipko, die nicht lange, nachdem ich Raumland verlassen hatte, gestorben ist und mit der mich bis heute noch manche gute und bald schmerzlich empfundene Erinnerung auch aus unserem Mädchenkreis verbindet. Ich hatte seinerzeit die Konfirmationssprüche nicht ausgelost, sondern mir überlegt, ob sie wohl dem einen oder dem anderen, so wie ich ihn in den beiden Jahren des Unterrichts kennengelernt hatte, etwas sagen möchten. Ihr mögt selbst beurteilen und vielleicht auch kundtun, ob mich bei dieser Auswahl dann und wann ein guter Geist geleitet hat. In dieser Stunde ist nun dieser eine Spruch für uns alle die Grundlage der Besinnung:

Selig sind, die reines Herzens sind; denn sie werden Gott schauen.

Da werden also Menschen „selig" gepriesen. Man hat dies Wort auch anders übersetzt, zum Beispiel: „Glücklich sind ...", oder: „Zu preisen sind ...", und man kann dann vieles an solch eine Preisung anschließen. Zum Schluss des Krieges sagten wir, halb ernst, halb spottend: „Selig sind, die nach rückwärts Boden gewinnen; denn sie werden nach Hause kommen." Das war dem tiefsinnigeren Spruch nachgebildet: „Selig sind, die Heimweh haben; denn sie sollen nach Hause kommen." Ein Operettenschlager singt: „Glücklich ist, wer vergisst, was nicht mehr zu ändern ist." Goethe dichtet: „Glücklich allein ist die Seele, die liebt", und ein andermal: „Selig, wer sich ohne Hass vor der Welt verschließt."

Und schon Hiob meinte in seinem Unglück: „Selig ist der Mensch, den Gott straft" (Hiob 5,17). Noch viele andere solcher Worte, die ja stets bedenkenswert sind, können wir uns in Erinnerung rufen. Sie alle gehen davon aus – und dem ist doch auch so –, dass wir Menschen nicht unglücklich sein wollen, sondern nach Glück suchen; dass wir ein heiles Leben führen möchten und das Unheil scheuen. Hat uns solcher Wunsch nicht auch in den verflossenen 40 Jahren Tag für Tag begleitet? Aber das Wort 'selig' will doch mehr zum Ausdruck bringen als solche *Erwartung* von Lebensglück, die Ihr vor 40 Jahren alle hattet, und auch mehr als die *Erfüllung* von Lebensglück, die *in* diesen 40 Jahren dem einen mehr, dem anderen weniger beschieden gewesen ist. „Selig" wurden ursprünglich die Götter gepriesen, die nach den heidnischen Vorstellungen in ungetrübtem Glück leben, und darum sagt das Wort „selig", wenn *Menschen* selig gepriesen werden, dass es für uns Menschen nicht nur dies oder jenes große oder kleine Glück und Heil gibt, sondern auch eine umfassende, eine das ganze Leben umschließende Seligkeit, eine tragende, eine beseligende Wahrheit.

Wenn wir unser Leben wiegen und wägen, dann sind wir, so denke ich, geneigt, das Gute und Gelungene in die eine, das Schlechte und Bedrückende in die andere Waagschale zu legen, und dann urteilen wir wohl: Glücklich sind die Menschen, bei denen das Elend leicht wiegt und die Waagschale mit den guten Erfahrungen und den gelungenen Wegen sich füllt und nach unten sinkt. Und dann mögen wir nach solchem Maß einander vergleichen: Zufrieden oder auch stolz die einen, enttäuscht oder auch neidisch die anderen. Aber der Mensch, der *selig* gepriesen wird, braucht in seinem Leben gar nicht zu sortieren zwischen den glücklichen und den unglücklichen Zeiten, zwischen den Erfolgen und dem Scheitern, zwischen dem guten Gewissen und dem Wissen um Schuld und Versagen, zwischen dem, was gegeben, und dem, was genommen wurde, und er hat es nicht nötig, sich mit anderen zu vergleichen. Denn die Seligpreisung gilt dem Menschen selbst *mit* seinen glücklichen und mit seinen unglücklichen Stunden, mit *allem*, was er getan und was er gelassen hat und was ihm widerfahren ist, und unabhängig davon, wieviel an Heil und an Unheil, an Glück und an Unglück, an Gerechtigkeit und an Schuld er in die eine oder in die andere Waagschale legen kann oder legen muss. Selige Menschen sind einander gleich, fast so, wie der Tod uns gleich macht.

Ich weiß nicht, wieviel von dem, was wir auf dem Weg zur Konfirmation bedacht und gelernt haben, haften geblieben ist, und vielleicht ist es auch für beide Seiten – für mich und für euch – gut, wenn ich da nicht so genau nachforsche. Sind auch nur die erste Frage unseres Katechismus und der Konfirmationsspruch in Erinnerung geblieben? Aber eines kann man nicht vergessen, dass uns nämlich im Wort der Bibel, in der christlichen Botschaft, das Angebot der *Seligkeit* gemacht wurde und wird, also das Angebot einer umfassenden Wahrheit, in der alle Wahrheiten und Unwahrheiten unseres Lebens aufgehoben sind, das Angebot eines Heils, das nicht nach dem Maß an Glück oder Unglück, an Erfolg und Misserfolg, an Gerechtigkeit und Schuld bemessen ist, mit dem wir unser Leben messen, sondern das einen anderen Maßstab anlegt. Und weil dies Angebot dagewesen ist und immer noch da ist, ist auch die Frage da, ob das, was wir oder was andere Menschen über uns und unser Leben sagen, das letzte Urteil über uns ist, sozusagen unser jüngstes Gericht: Ein angesehener Mensch, oder aber eine elende Kreatur; ein guter Mensch, vielleicht aber auch ein Tunichtgut; ein erfolgreicher Mensch oder etwa ein verpfuschtes Leben; oder irgend etwas dazwischen, wie es ja wohl meist der Fall ist, oder mal dies und mal das. *Oder* ob wir solche Urteile zwar gelten lassen, aber nicht als letzte Urteile ansehen; ob wir über Glück und Unglück, über Freude und Leid, über Unschuld und Schuld hinaus nach dem fragen, was mit dem Wort „Seligkeit" ausgedrückt wird, und was keiner von uns beantworten kann, indem er auf sein eigenes Leben verweist.

Die Antwort auf diese Frage, die unsere Seligpreisung gibt, verweist nämlich nur scheinbar auf unser eigenes Leben: **Selig sind, die reinen Herzens sind.** Denn wer könnte schon seine Seligkeit auf die Reinheit seines Herzens gründen? Würde dann nicht eher die biblische Weisheit gelten, dass das Dichten und Trachten des menschlichen Herzens böse ist von Jugend auf? „Schaffe in mir, Gott, ein reines Herz" (Psalm 51, 12) haben wir eingangs mit den Worten des Psalms gebetet. „Ich bin klein, mein Herz mach rein", beten die Kleinen. Und in einem Lied, das vor 40 Jahren noch in unserem Gesangbuch stand, heißt es: „Wer macht sein Herz wohl selber rein? Es muss durch dich gewirket sein."[95] Wenn es ein reines Herz gibt, dann kann es jedenfalls nur Geschenk sein, nicht aber ein Ergebnis unserer Lebensleistung, und wenn ein reines Herz die Seligkeit mit sich führt, dann ist solche Seligkeit nicht Verdienst und Lohn, sondern Gnade.

Aber was meint die Bibel, wenn sie von dem reinen Herzen spricht, das die Seligkeit schenkt? Sie meint damit nicht ein reines Gewissen. Ein reines Gewissen ist eine gute Sache, und wer ein gutes Gewissen hat, braucht es vor den Menschen und vor Gott nicht zu verleugnen. Wir sind glücklich zu preisen, wo immer wir ein gutes Gewissen haben; denn ein gutes Gewissen ist, wie das Sprichwort sagt, ein sanftes Ruhekissen. Aber wer dürfte seine Seligkeit auf ein gutes Gewissen gründen? Auch mit dem besten Gewissen – und wer könnte das schon in Anspruch nehmen? – würden wir uns selbst zum Grund unserer Seligkeit machen, und hätten sie damit schon verloren. Aber das reine Herz ist auch nicht das gereinigte Herz. Ein gereinigtes Herz ist hoch zu schätzen, und vielleicht zählt es noch mehr als ein reines Gewissen. Denn ein reines Gewissen könnte ja stolz machen, ein gereinigtes Herz aber ist ein demütiges Herz, das um Schuld weiß und um Vergebung. Wer ein reines Gewissen hat, braucht es nicht abzulegen, wenn er zum Gottesdienst kommt; aber am Anfang des Gottesdienstes tun wir nicht unser gutes Gewissen kund, sondern wir beginnen mit dem Bekenntnis von Schuld und mit der Zusage der Vergebung für jeden, der ihrer bedarf. 0 ja, es ist sehr viel, Vergebung zu erfahren, und wenn Menschen einander vergeben können, stehen sie an der Schwelle der Seligkeit. Aber ein reines Herz ist mehr als ein durch Vergebung gereinigtes Herz. Vergebung bringt die Vergangenheit in den Blick und rückt sie zurecht. Die Seligkeit aber umschließt den ganzen Menschen, den Menschen mit Vergangenheit, Gegenwart und Zukunft, den Menschen mit Leben und mit Sterben. Darum ist ein reines Herz das Herz eines Menschen, der, wenn es um das Ganze und um die umfassende Wahrheit seines Lebens geht, gar nicht auf dies Leben selbst mit seinen Höhen und Tiefen schaut, sondern auf den, der es ihm gegeben hat. *Ein reines Herz ist das Herz eines Men-*

---

[95] Aus dem Lied „Hier legt mein Sinn sich vor dir nieder" von Christian Friedrich Richter, 1704

schen, *der sich nicht von sich selbst abhängig macht, sondern sich ganz in Gottes Hand weiß.*[96] Wenn die Bibel vom „Herz" des Menschen spricht, spricht sie nicht, wie wir es gewöhnlich tun, von Gefühlen und Empfindungen, die ein Mensch *hat*. Das „Herz" ist nicht etwas am Menschen, sondern es ist der Mensch selbst und ganz, in allem seinem Wollen und Tun. Deshalb kann es heißen: „Des Menschen Herz erdenkt sich seinen Weg (Sprüche 16,9)". Der Mensch *selbst* steht vor der Frage – nicht nur, welche Wege er heute oder morgen auf seinem Lebensweg einschlagen will – sondern *welchen Weg* er auf allen seinen Wegen gehen soll, woher und wohin der Weg seines Lebens – sein Lebensweg – ihn führt. Und ein reines Herz antwortet auf diese Frage mit dem Apostel Paulus (Römer 8, 38): „Ich bin gewiss, dass weder Tod noch Leben mich scheiden kann von der Liebe Gottes, die in Christus Jesus ist, meinem Herrn", oder mit dem Heidelberger Katechismus: „Das ist mein einziger Trost, dass ich im Leben und im Sterben nicht mir, sondern meinem getreuen Heiland Jesus Christus gehöre". Das also ist die Seligkeit, die uns ein reines Herz beschert, dass wir, wenn es um das Ganze unseres Lebens geht – also gleichsam im jüngsten Gericht –, wir nichts aus uns machen müssen, auch keine großen Büßer und keine großen Gerechten, sondern uns der Barmherzigkeit Gottes anvertrauen dürfen. Beides ist gleich weit von solcher Seligkeit entfernt: Dass wir uns an unseren Erfolgen festhalten oder dass wir meinen, mit unserem Scheitern auch selbst zu scheitern; denn selig ist, wer sich sagen lässt: Lass dir an meiner Gnade genügen. Auch ein seliger Mensch ist nicht frei von Sorgen, Nöten und Ängsten, aber er legt sich mit aller Sorge in Gottes Hand.

Von solchen Menschen heißt es, sie werden Gott schauen. Damit wird der Blick über das Ende unseres Lebens hinaus gerichtet. Über das „Wie" dieser Verheißung wollen wir nicht lange reden; denn wir würden dann ja von etwas sprechen, was kein Auge gesehen und kein Ohr gehört hat. Aber ich gebe gerne weiter, wie jemand einmal die Geschichte vom reichen Mann und vom armen Lazarus weitererzählt hat. Beide kommen zur gleichen Zeit am Himmelstor an, und Petrus fragt sie, was sie sich wünschen. Der reiche Mann wünscht sich ein

---

[96] Hervorhebung aus dem Original übernommen.

großes Schloss, täglich sein Lieblingsessen und alle Truhen voll Gold und Silber. Er bekommt alles wie gewünscht, aber als nach tausend Jahren Petrus nach ihm schaut und ihn fragt, wie er sich fühle, beschwerte er sich lauthals: So langweilig habe er sich den Himmel nicht vorgestellt! „Den Himmel? Du bist nicht im Himmel", sagt Petrus, „sondern in der Hölle, wie du es gewünscht hast." Da wurde der reiche Mann kleinlaut, und er frug Petrus, was sich denn der arme Lazarus gewünscht habe. Ein Fußbänkchen, sagte Petrus, führte den reichen Mann auf den Dachboden, nahm einen Ziegel weg, so dass er in die himmlische Herrlichkeit schauen konnte, und dort sah er den armen Lazarus vor dem Thron Gottes sitzen und auf seinem Fußbänkchen Gott loben.

Ein Märchen, gewiss, aber ein gutes. Wir haben nichts mit in die Welt gebracht und werden auch nichts aus ihr mitnehmen können. Das Tor zur Ewigkeit öffnet sich nur für den Demütigen, dem ein Fußbänkchen genug ist. So meint es die erste der Seligpreisungen „Selig sind die geistlich Armen, denn ihrer ist das Himmelreich." (Matthäus 5,3). Und mit solchem Hinweis auf das Fußbänkchen des armen Lazarus ist auch uns der Weg durch diese Zeit gewiesen, für mich nur noch ein verhältnismäßig kurzer, für die meisten von euch, wie ich von Herzen wünsche, wohl noch ein längerer Weg. Wer reinen Herzens ist und sich an Gottes Gnade genügen lässt, begnügt sich auch heute schon mit einem Fußbänkchen. Er baut sein Leben nicht auf das, was er in der Vergangenheit geleistet hat und in sein Heute mitbringt, und das doch bald vom Winde verweht sein wird. Aber er verzweifelt auch nicht angesichts von Versagen, Versäumnis und Schuld, sondern lässt das alles in der Hand des barmherzigen Gottes zurück. Und ebensowenig wird er sein Leben an die Zukunft binden in der Erwartung, dass sie ihm endlich bringen werde, was ihm die Vergangenheit versagte. Er wird gewiss nicht verantwortungslos in den Tag hinein leben. Aber er hört auf das Wort des frommen Dichters: "Auf, Herz, und bedenke, dass dieser Zeit Geschenke den Augenblick nur dein. Was du zuvor genossen, ist als ein Strom verschossen; was künftig, wessen wird es sein?"[97] Er wird darum an jedem neuen Tag tun, was

---

[97] Andreas Gryphius

die Pflicht gebietet und was die Liebe erfordert. Und er wird sich dabei einüben in das Loben und Danken. Das muss, schaut man auf die Fülle des Leides in dieser Welt, manchmal im Dennoch des Glaubens geschehen. Aber was wäre schon ein Leben, das nur himmelhoch jauchzend dahin fährt und das von tödlicher Betrübnis nichts weiß, in dem alles verständlich wird und kein Rätsel mehr der Auflösung harrt. Wir gehen dem Karfreitag entgegen und lassen uns schon heute sagen, dass auch ein „Mein Gott, mein Gott, warum hast du mich verlassen" ein frommes Gebet sein kann – wenn nur das „Mein Gott, mein Gott" recht gesprochen wird. Und damit sind wir wieder bei dem reinen Herzen, mit dem man so beten darf, und bei dem Fußbänkchen. Wir sind Bettler, das ist wahr. Aber wir dürfen es sein, weil wir reich beschenkt sind.

Selig sind, denen vor Gottes Angesicht ein Fußbänkchen genügt.
Selig sind, die reinen Herzens sind; denn sie werden Gott schauen.

Zum Gedenken an Dörte Schmithals

(31. Juli 1962 – 7. Oktober 2018)

Bei der Arbeit im Kirchenarchiv in Bad Berleburg am 10. 02. 2017.